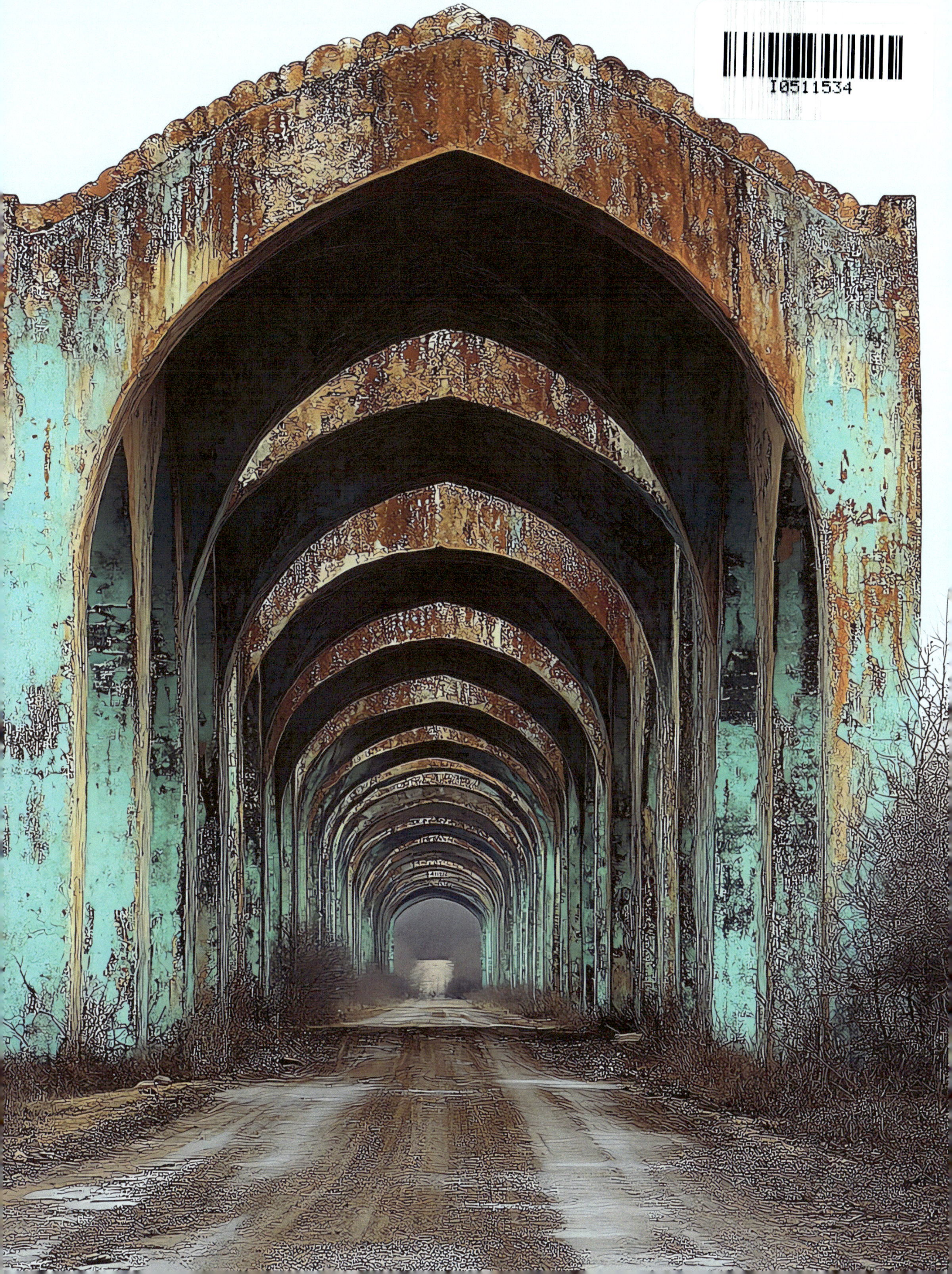

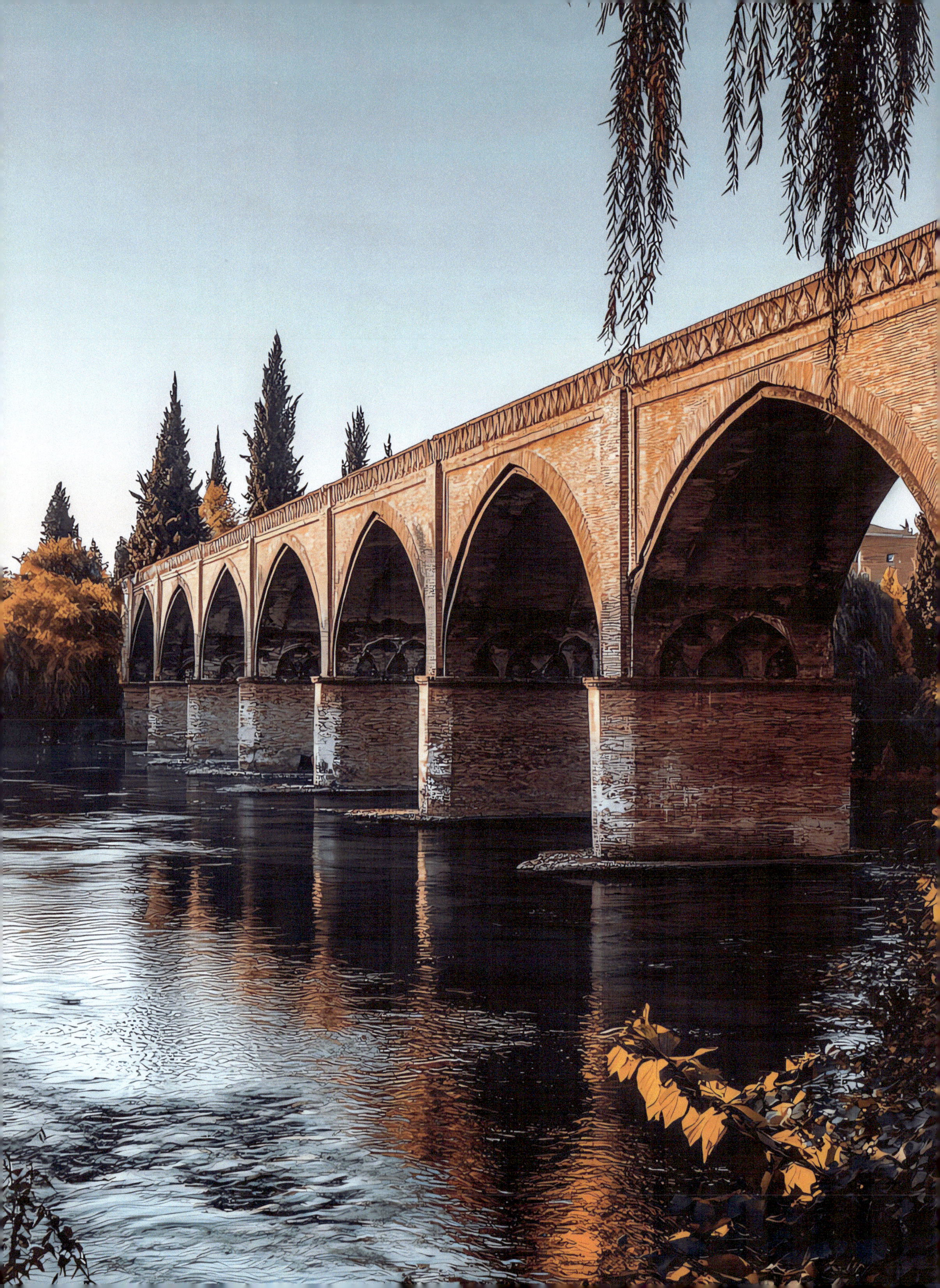

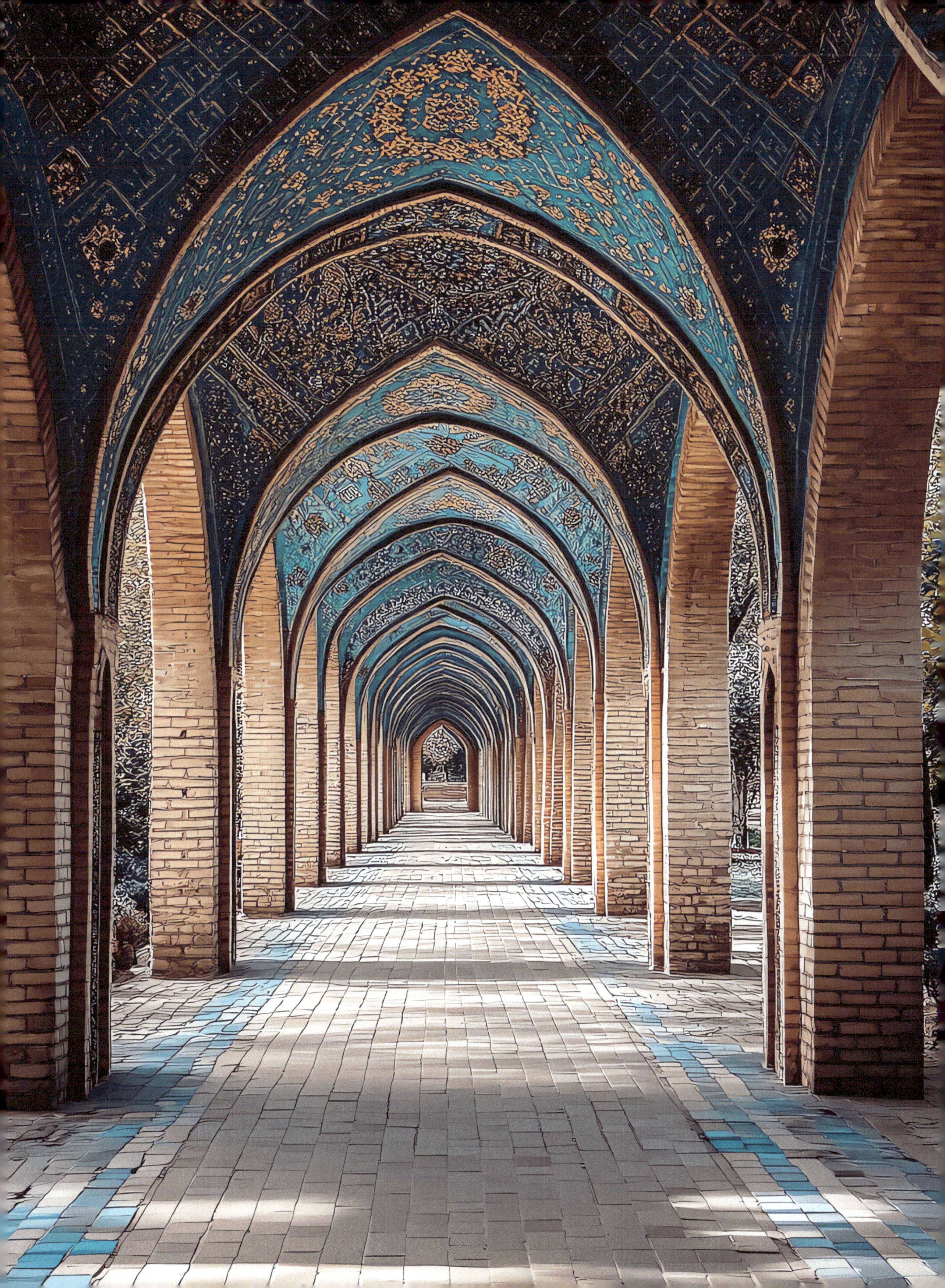

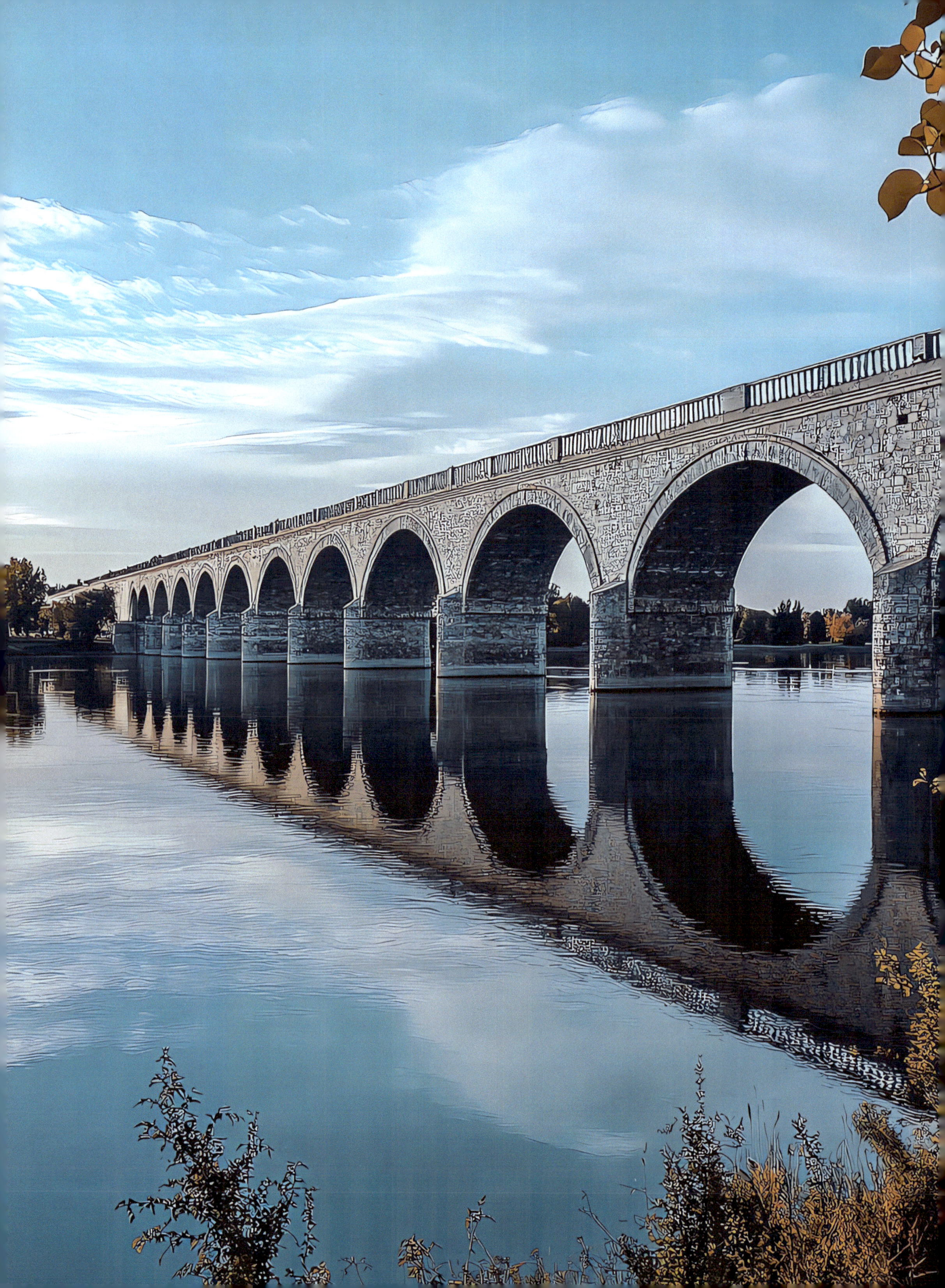

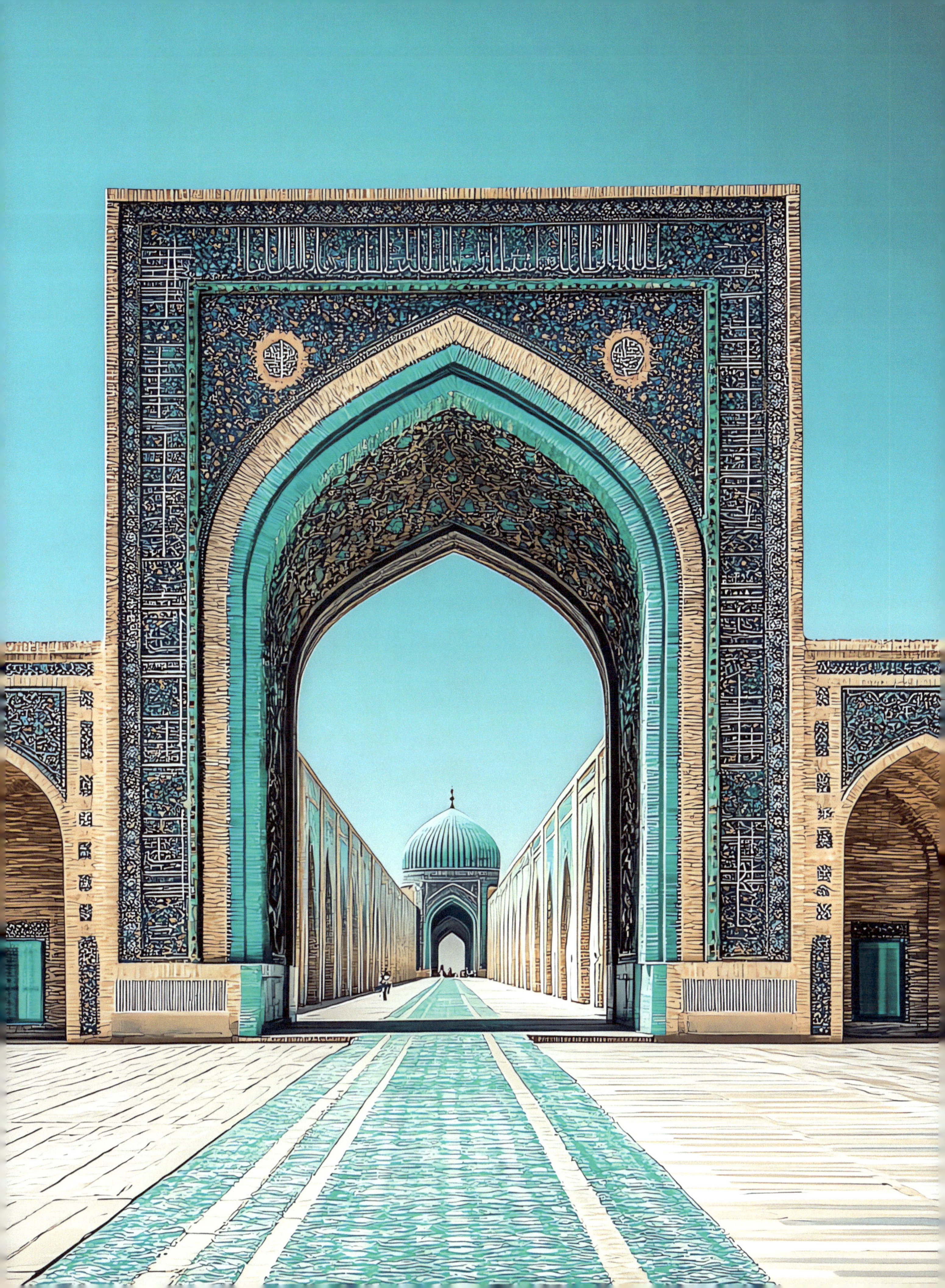

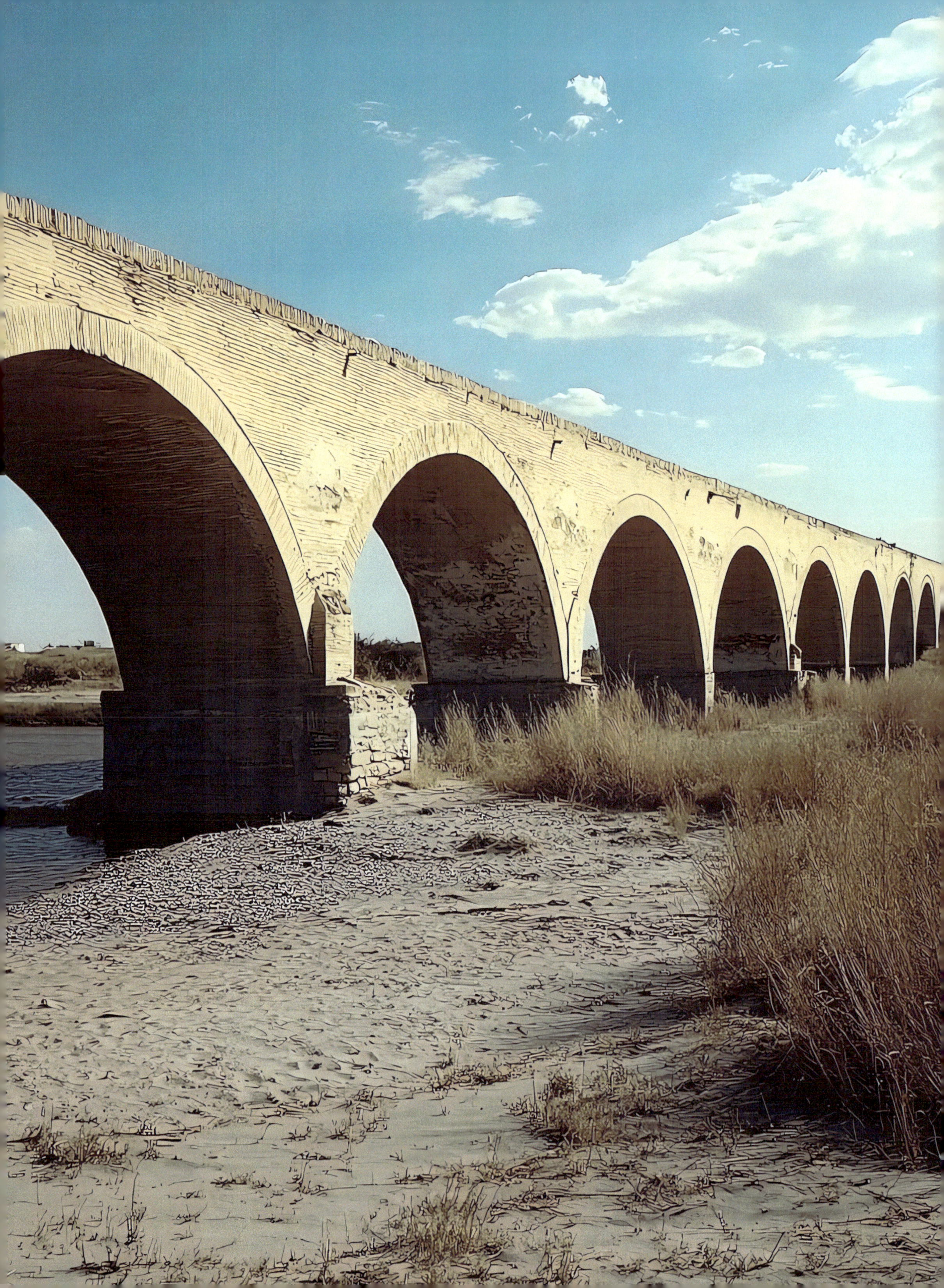

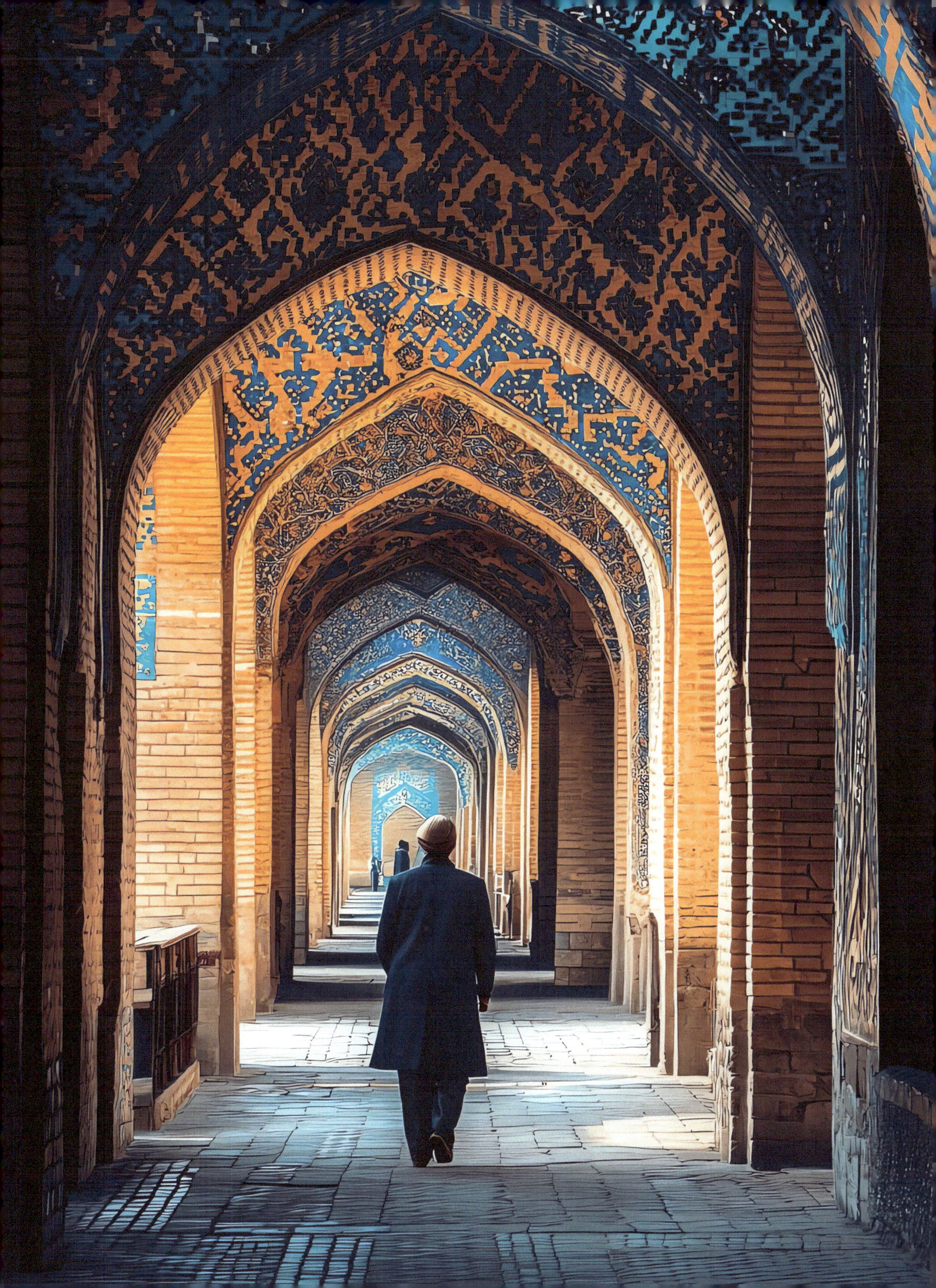

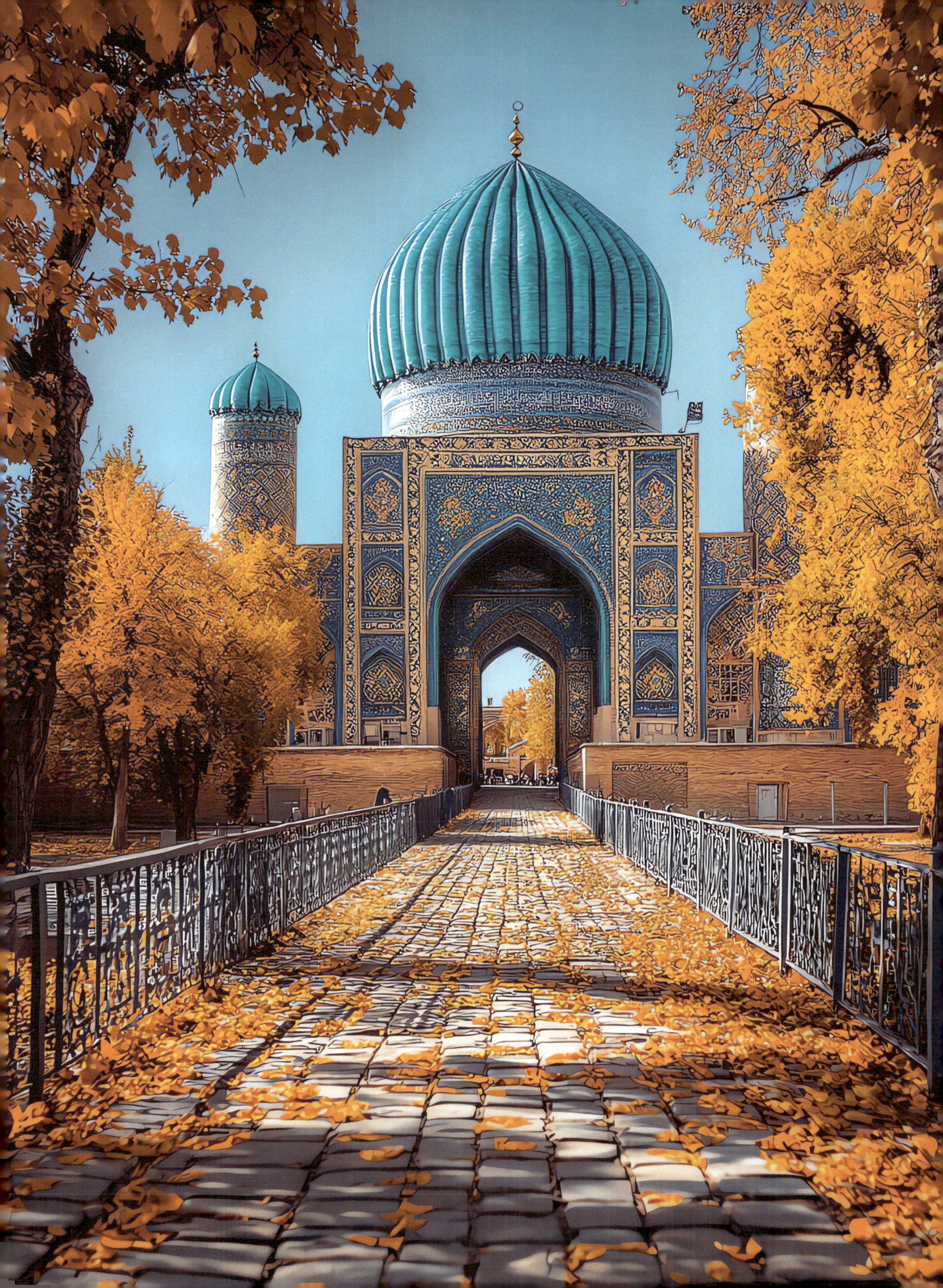

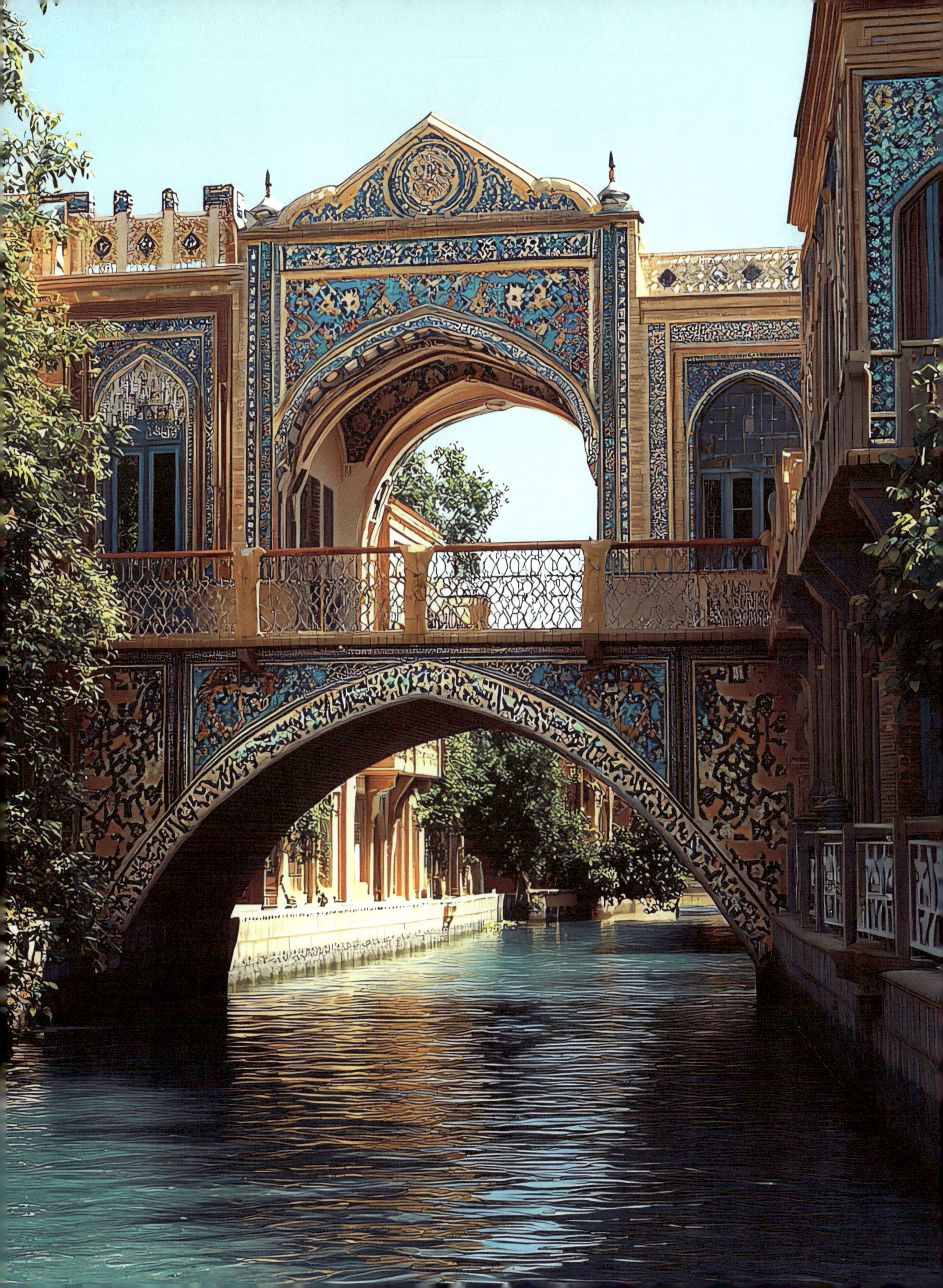

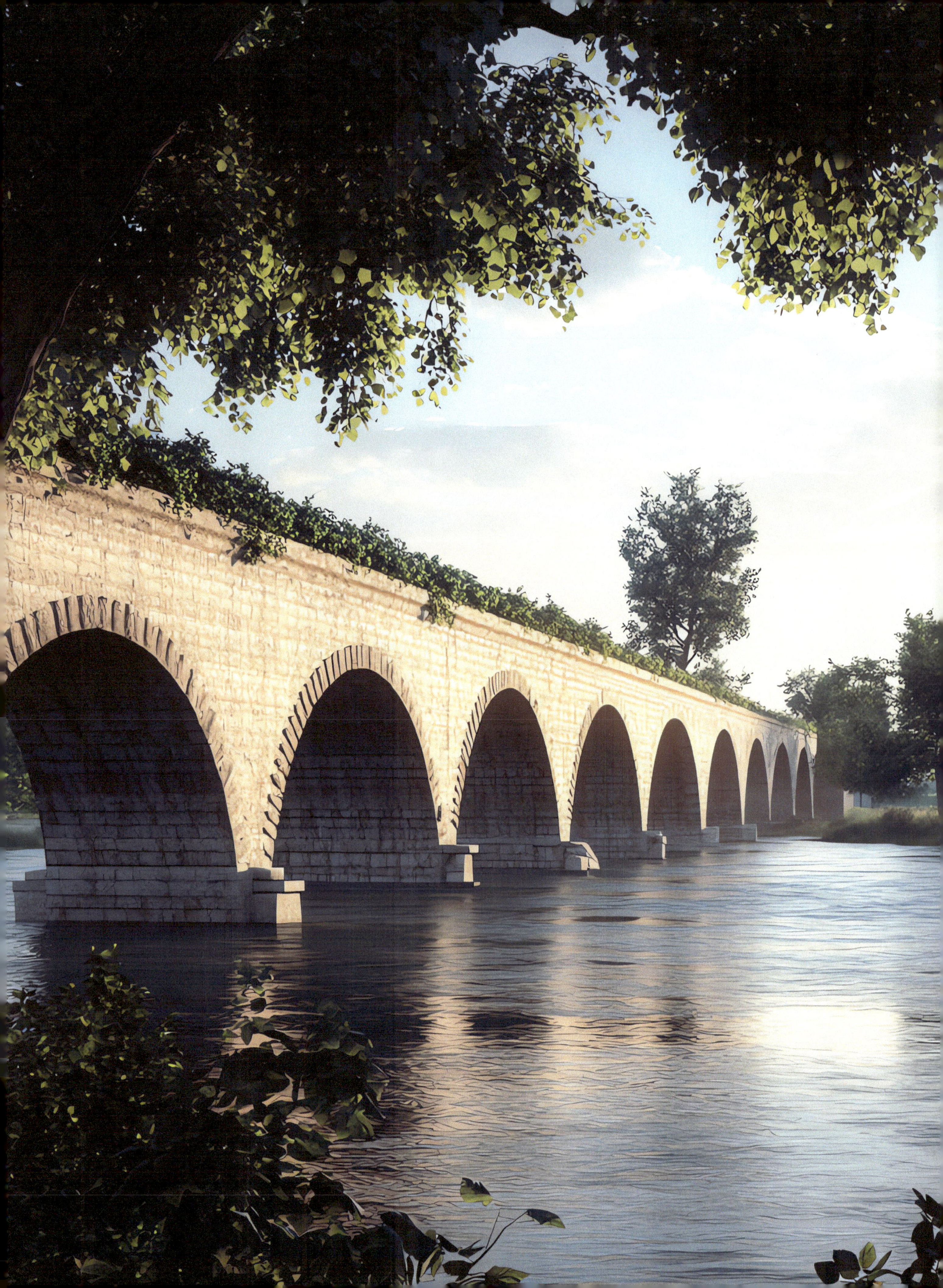

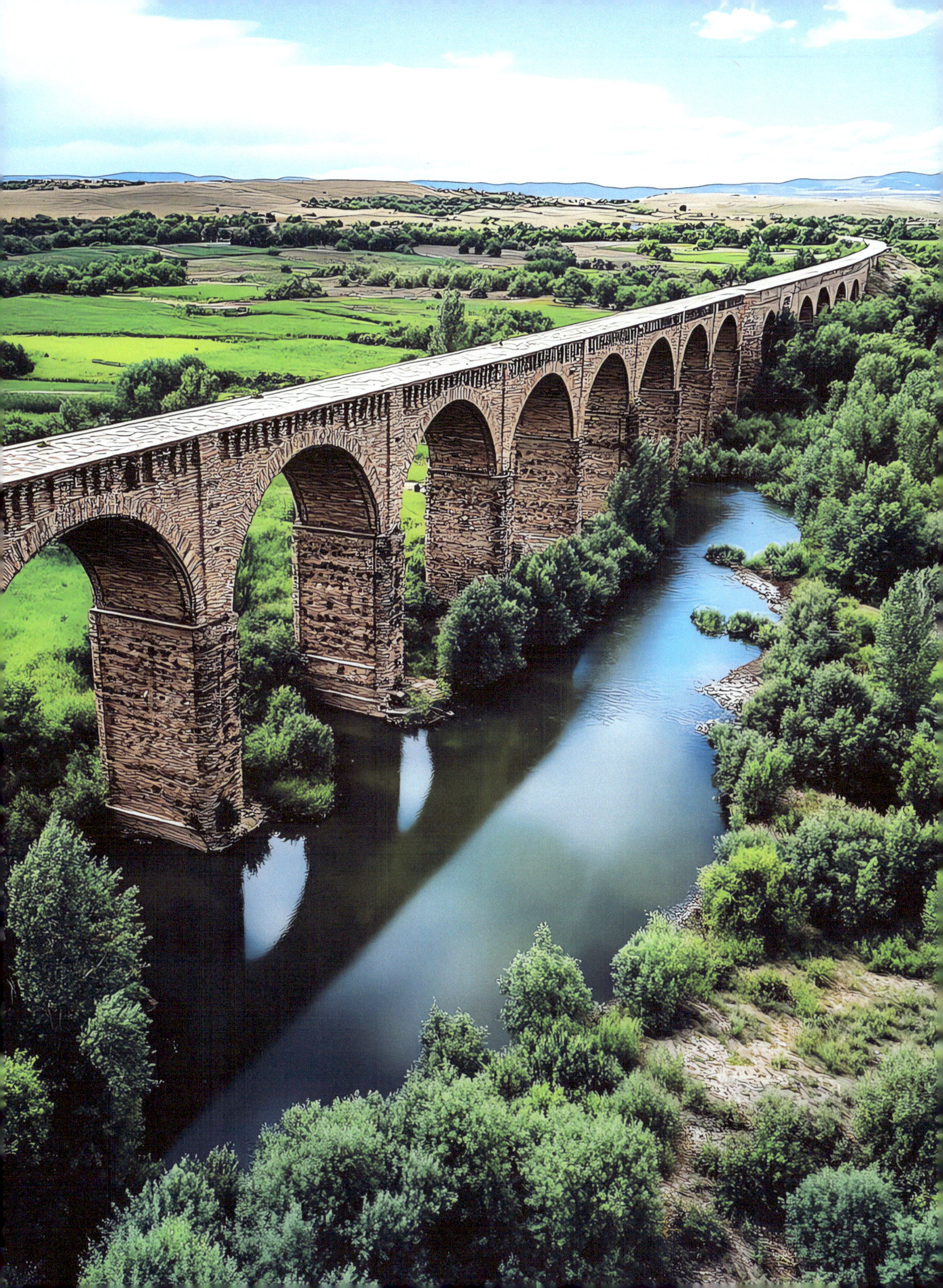

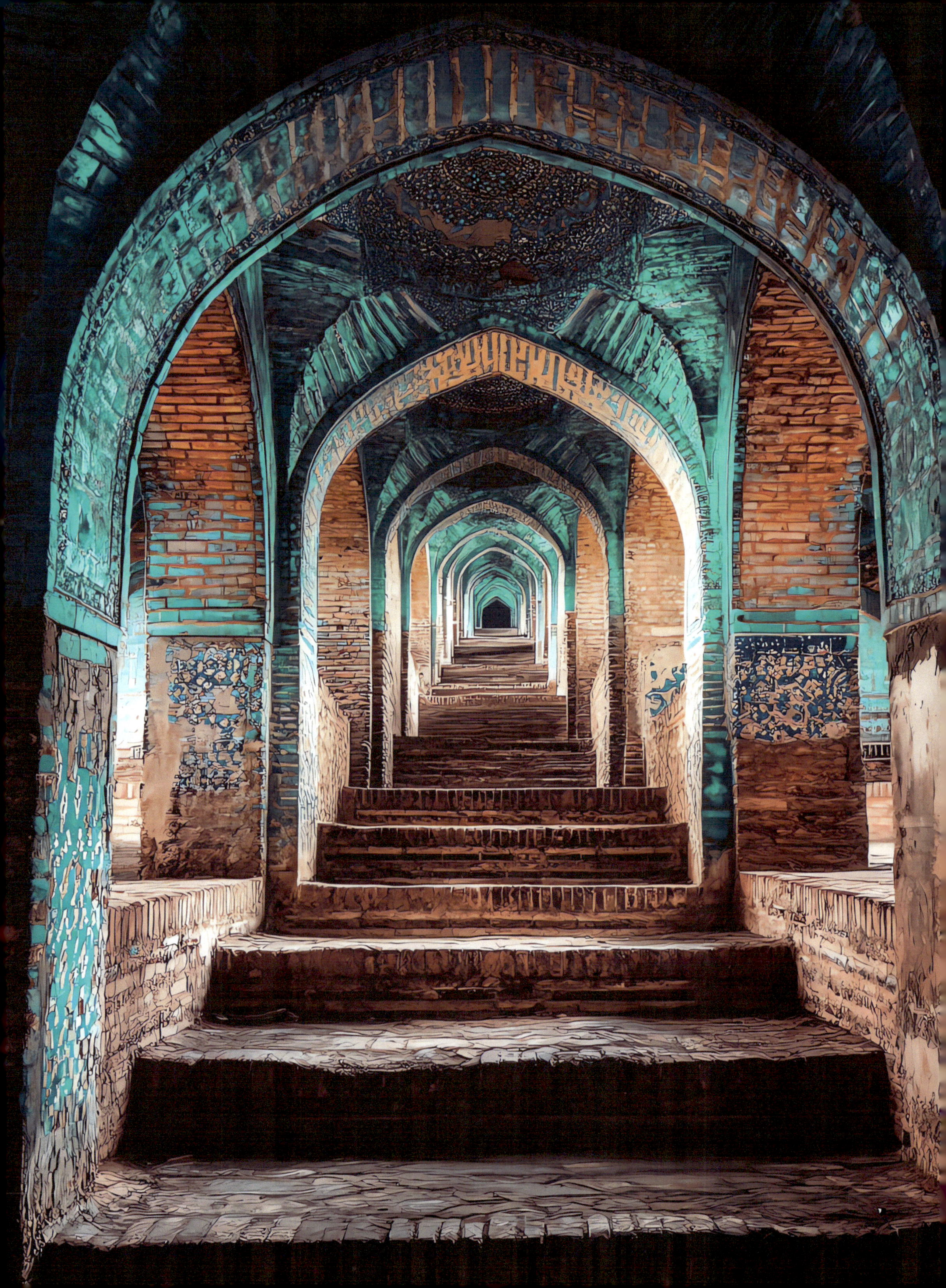

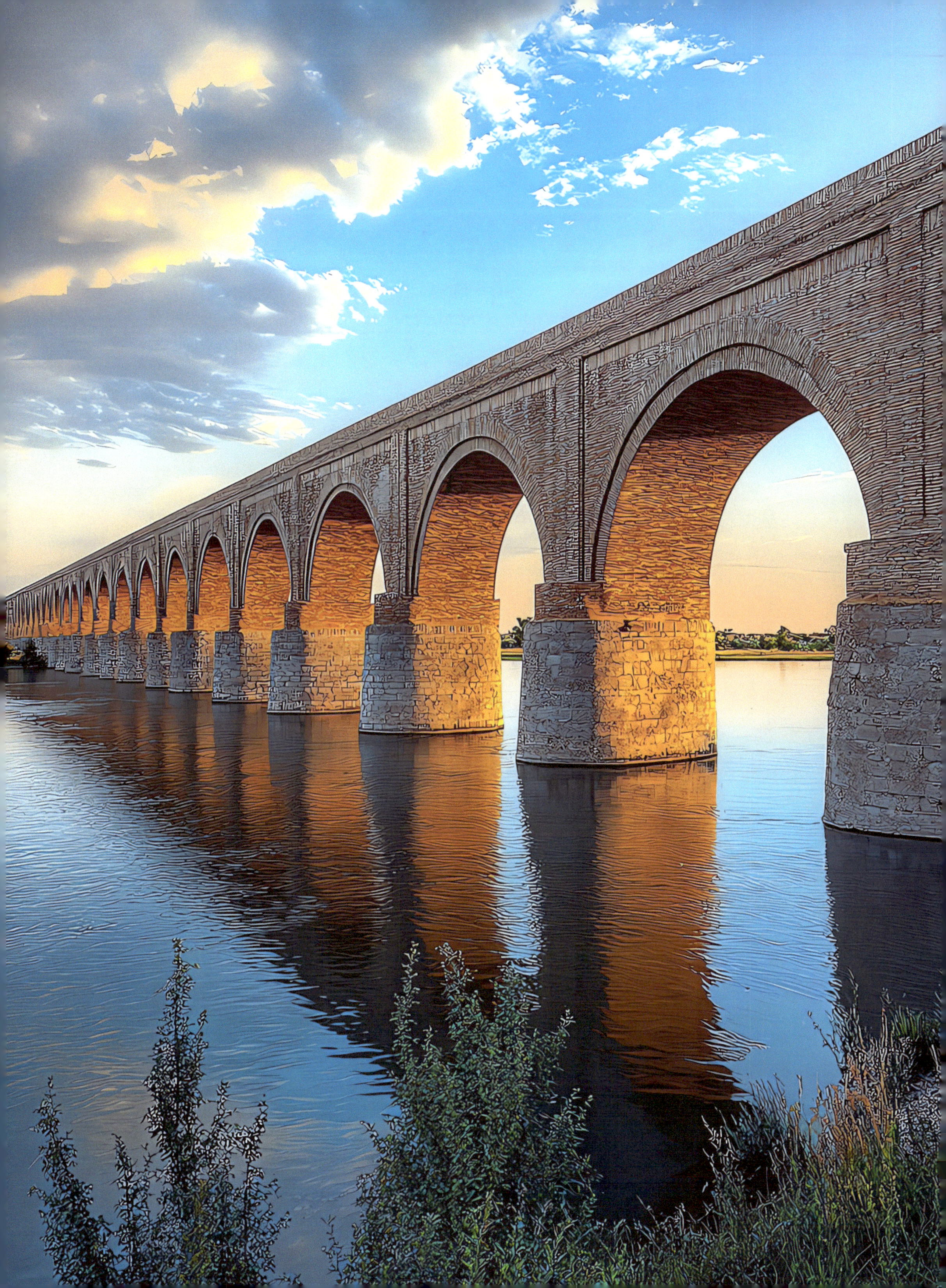

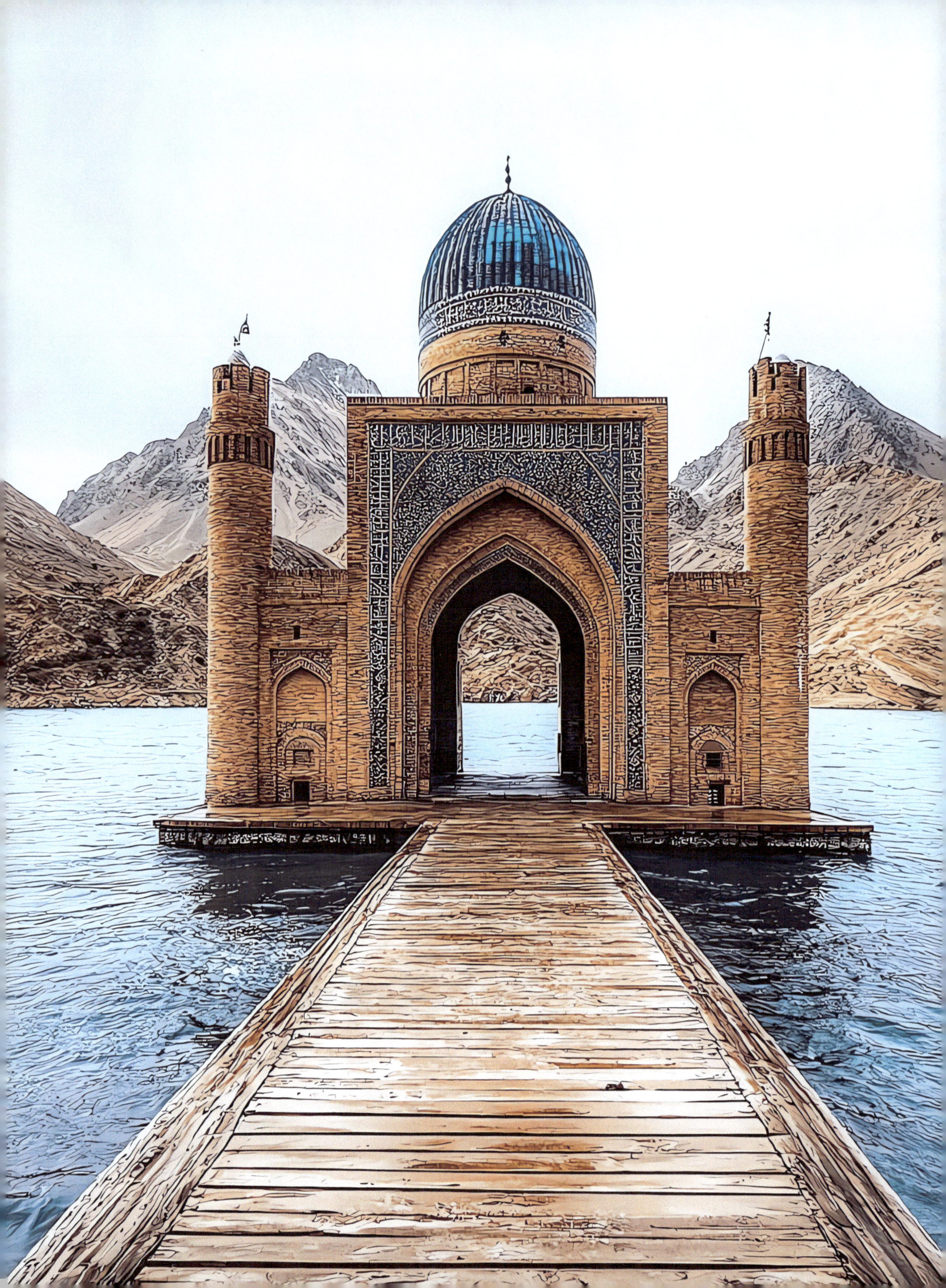

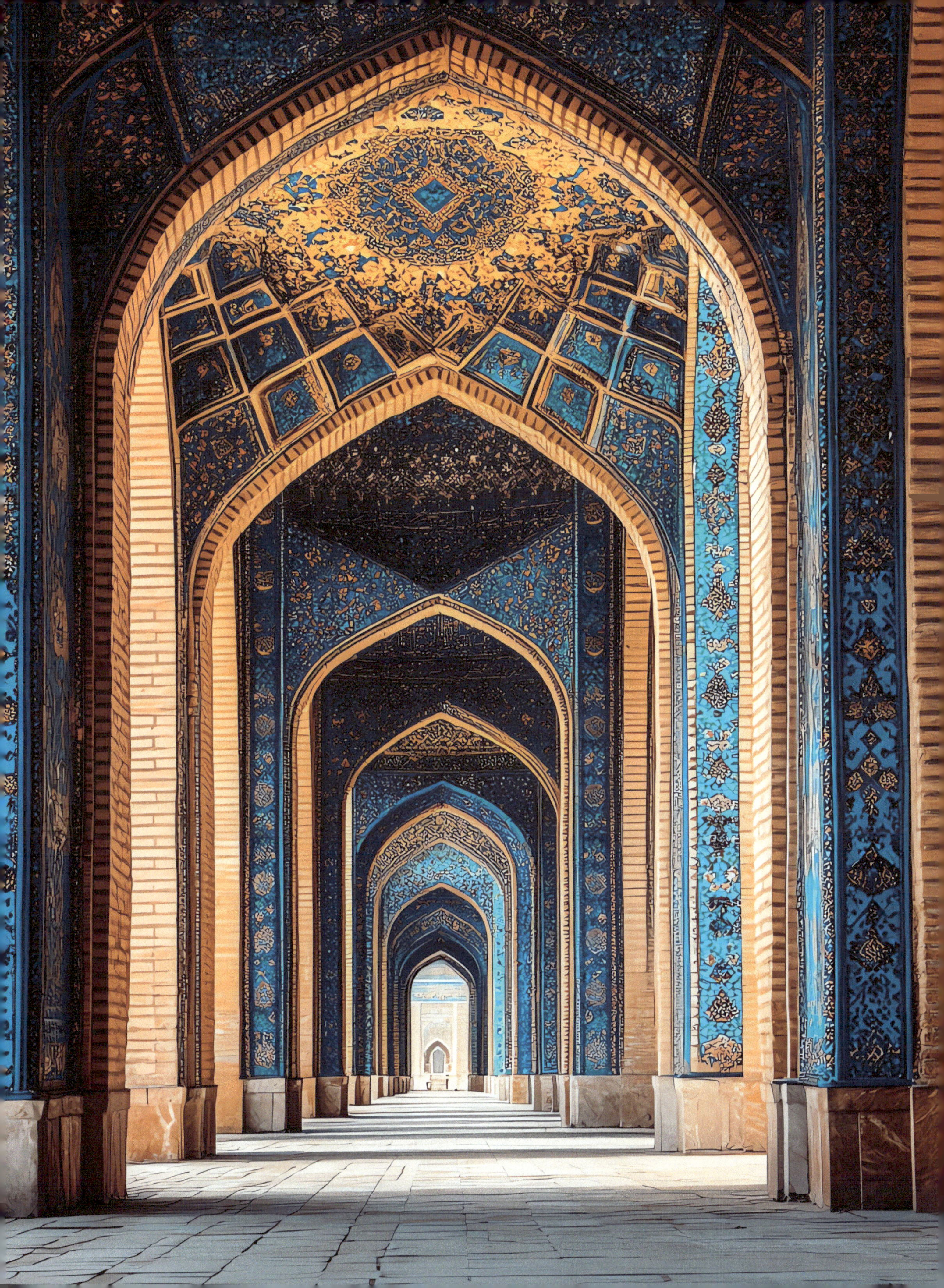

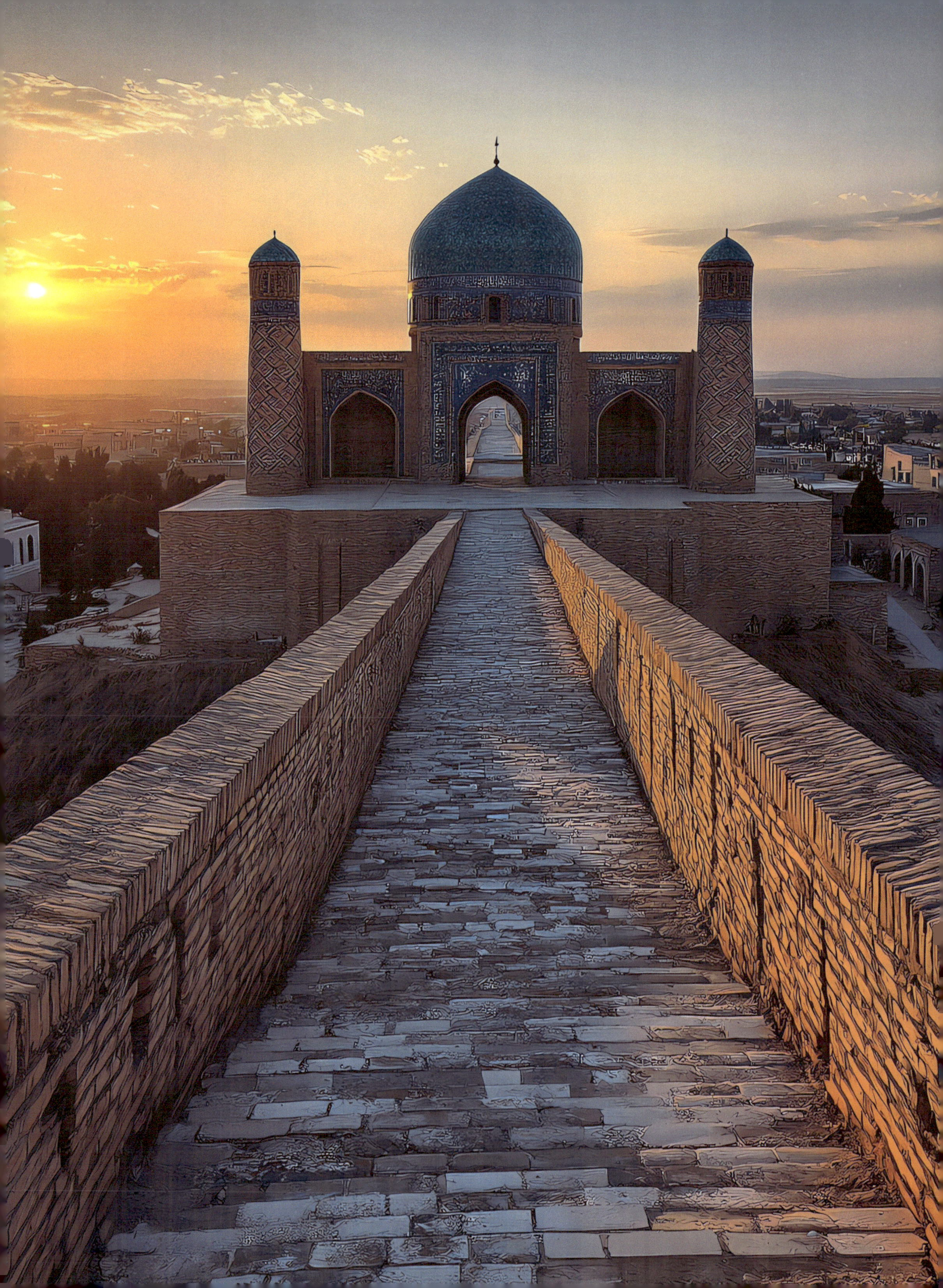

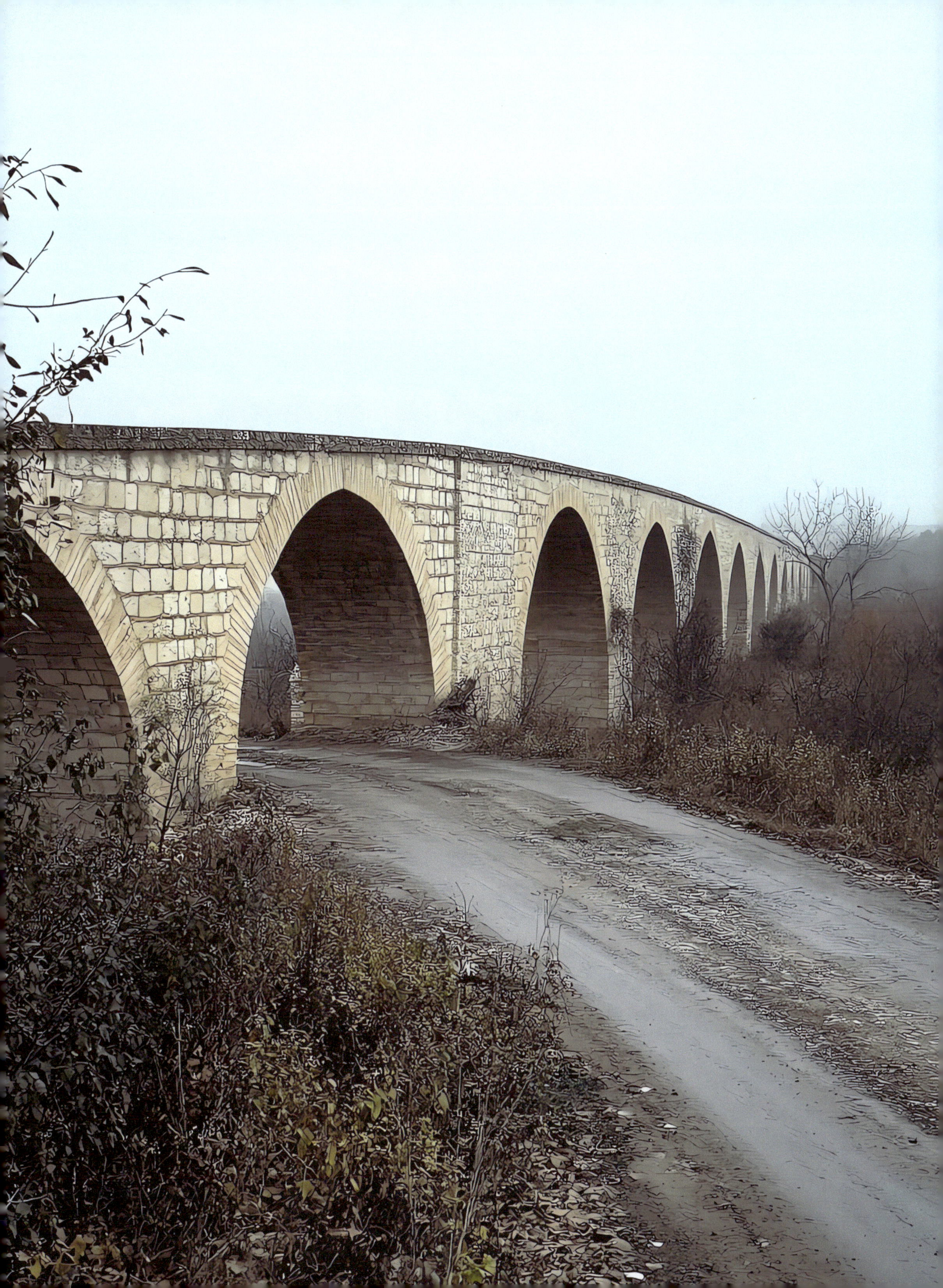

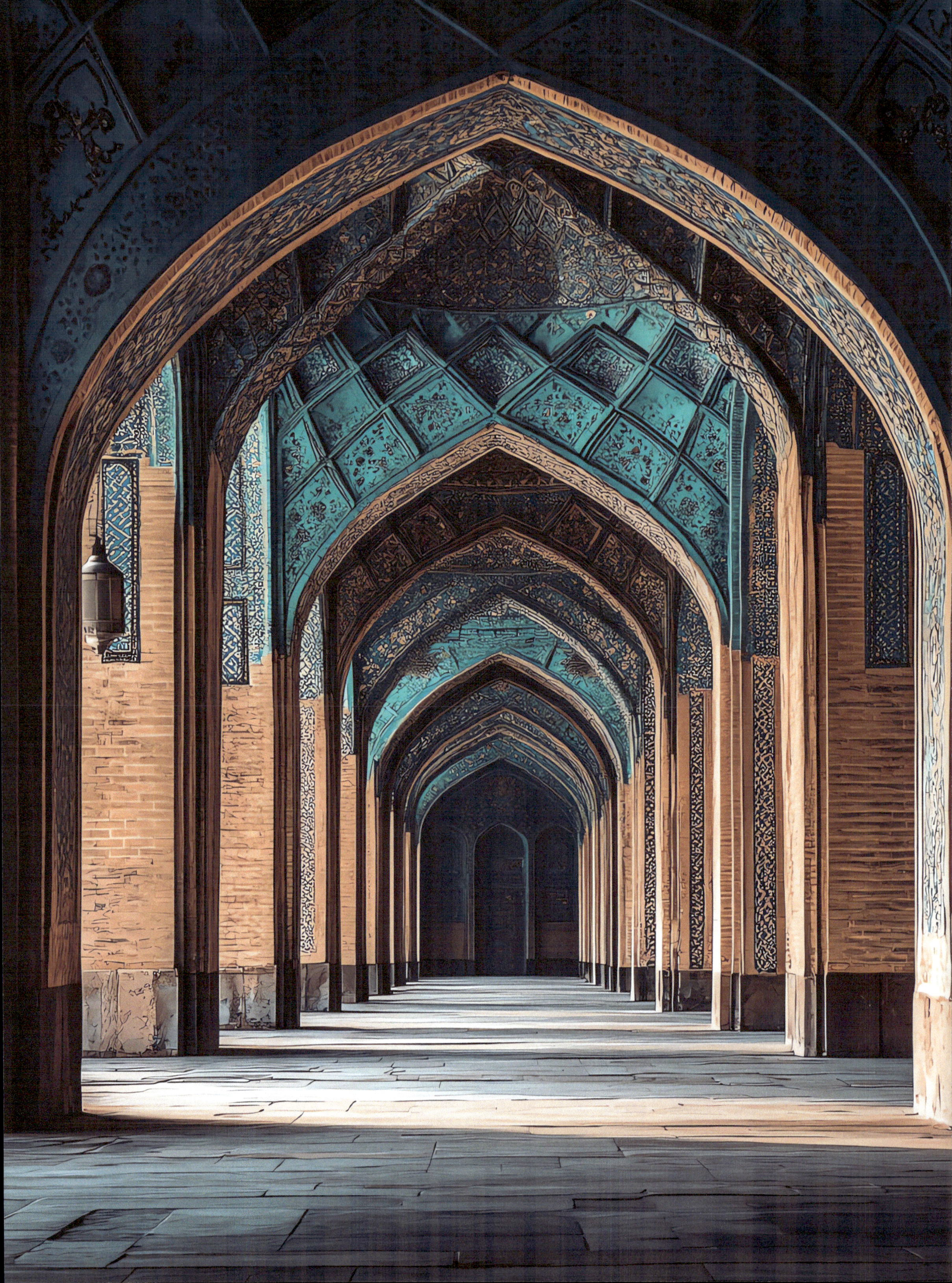

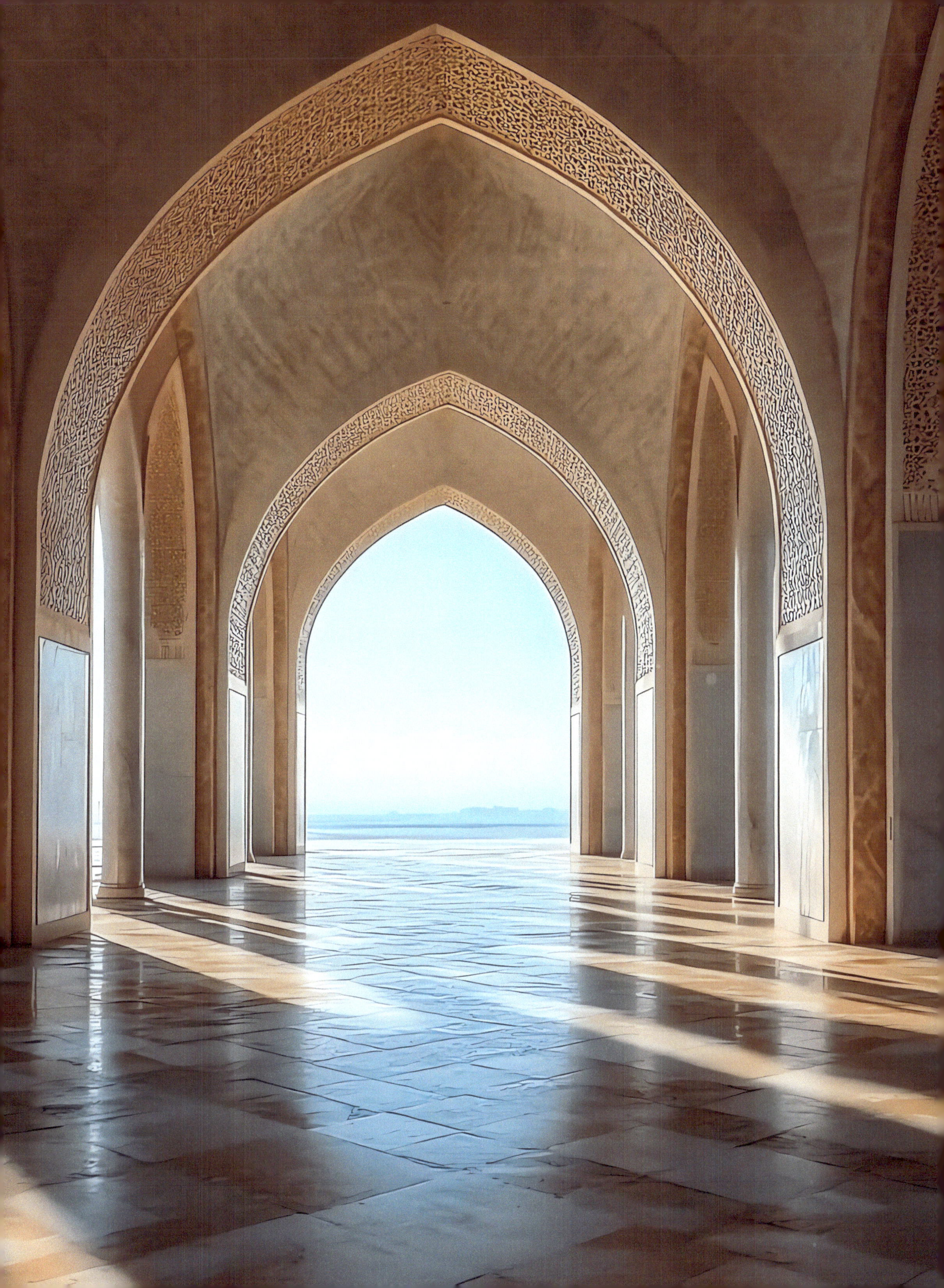

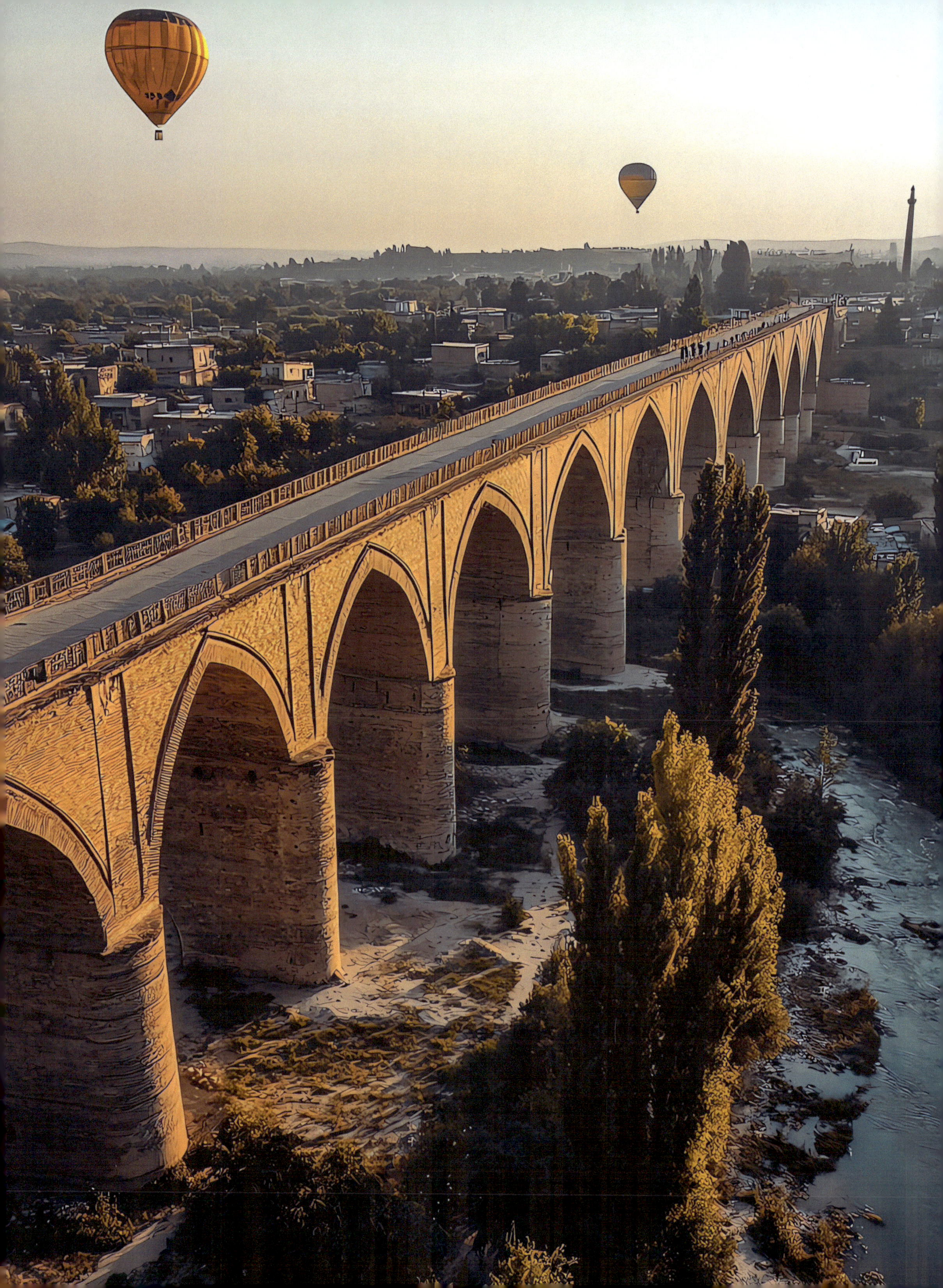

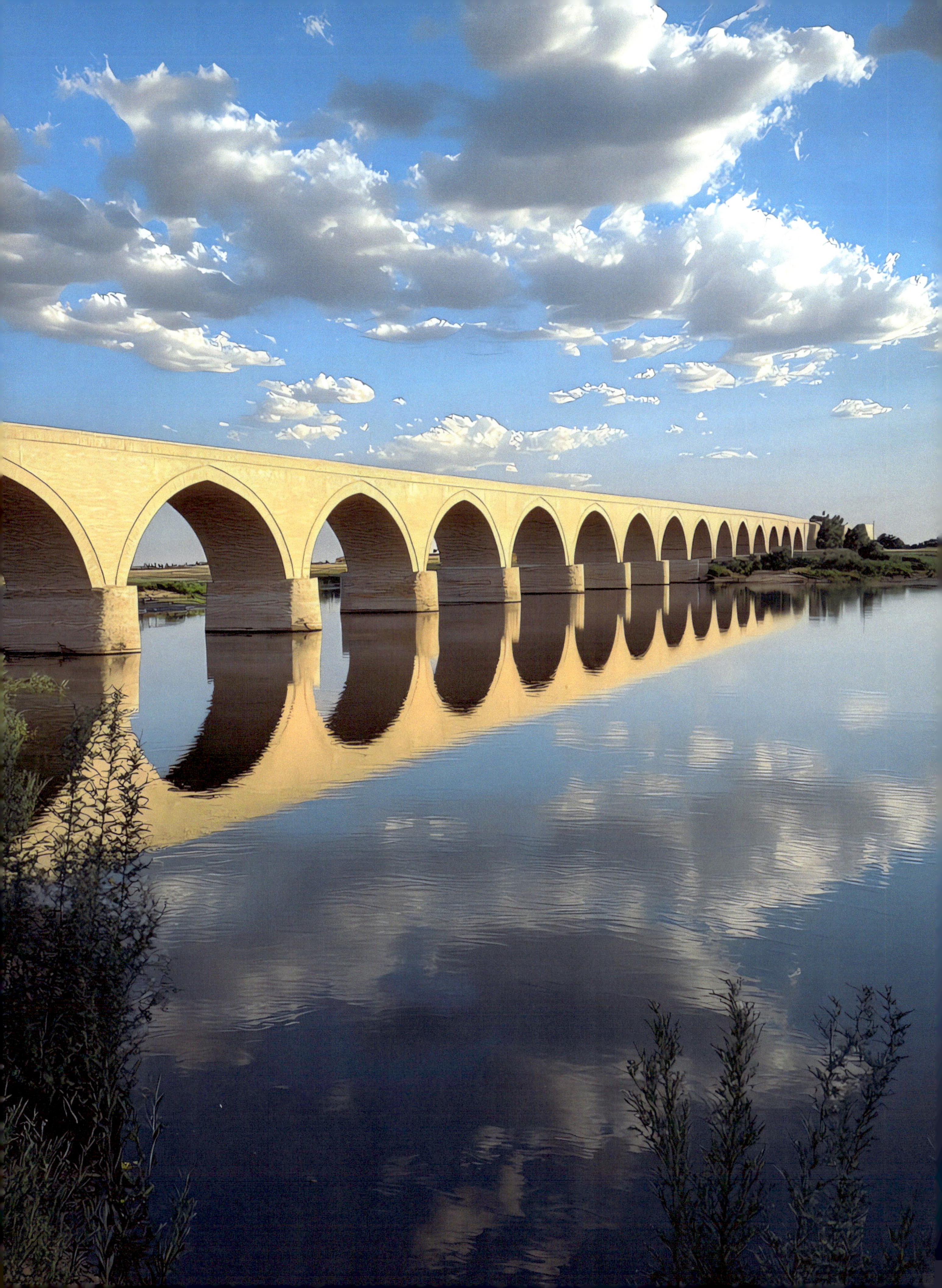

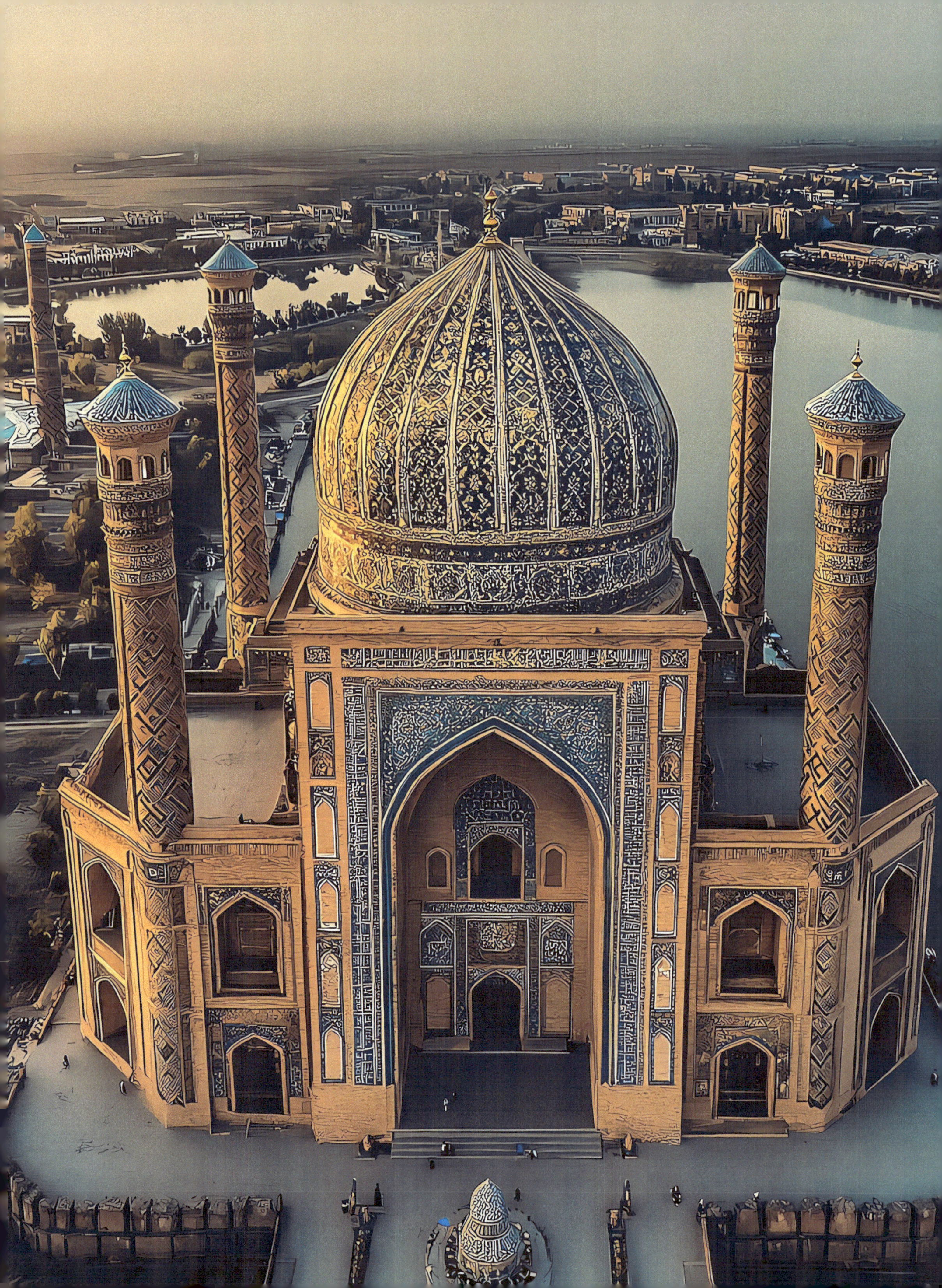

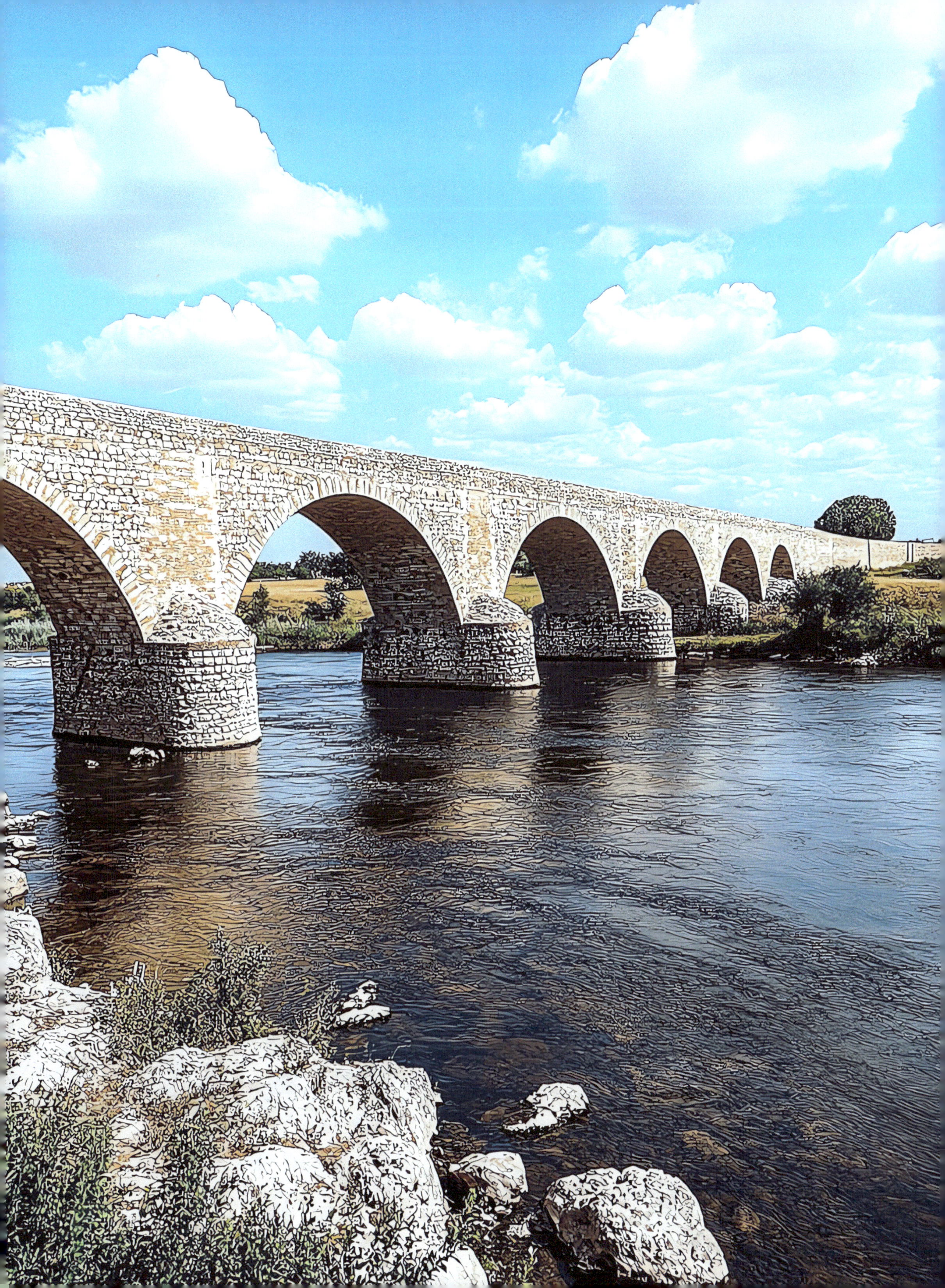

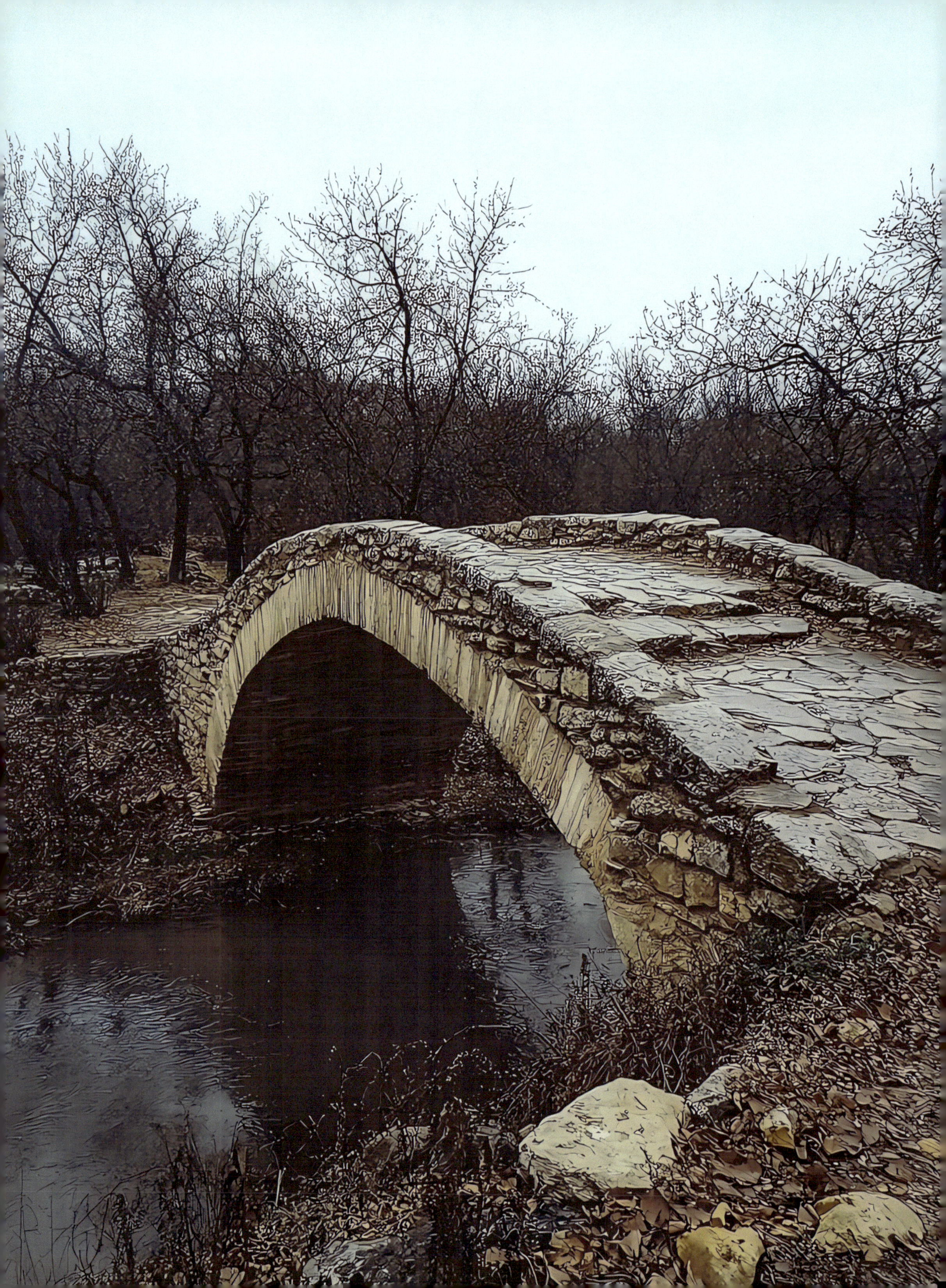

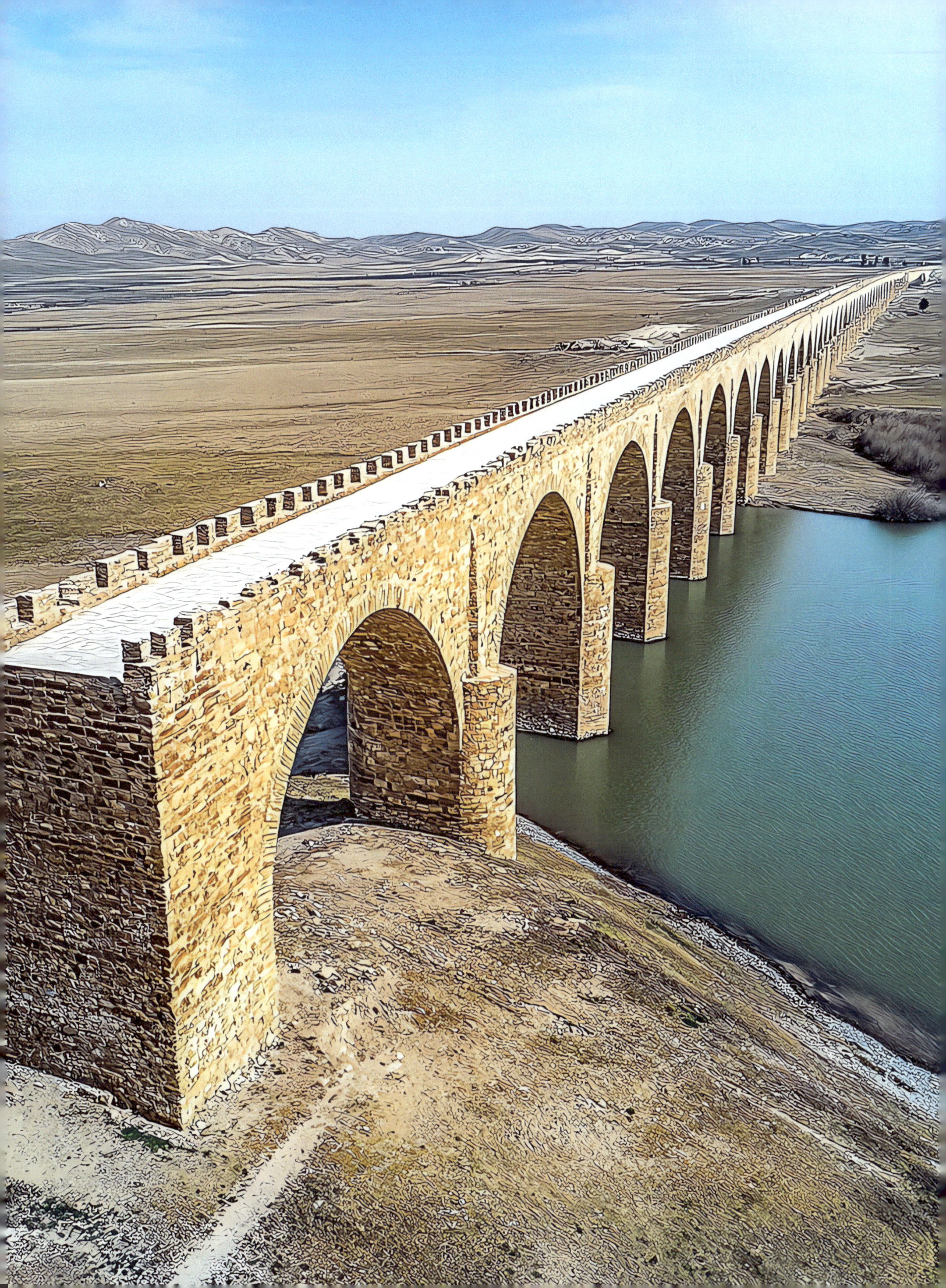

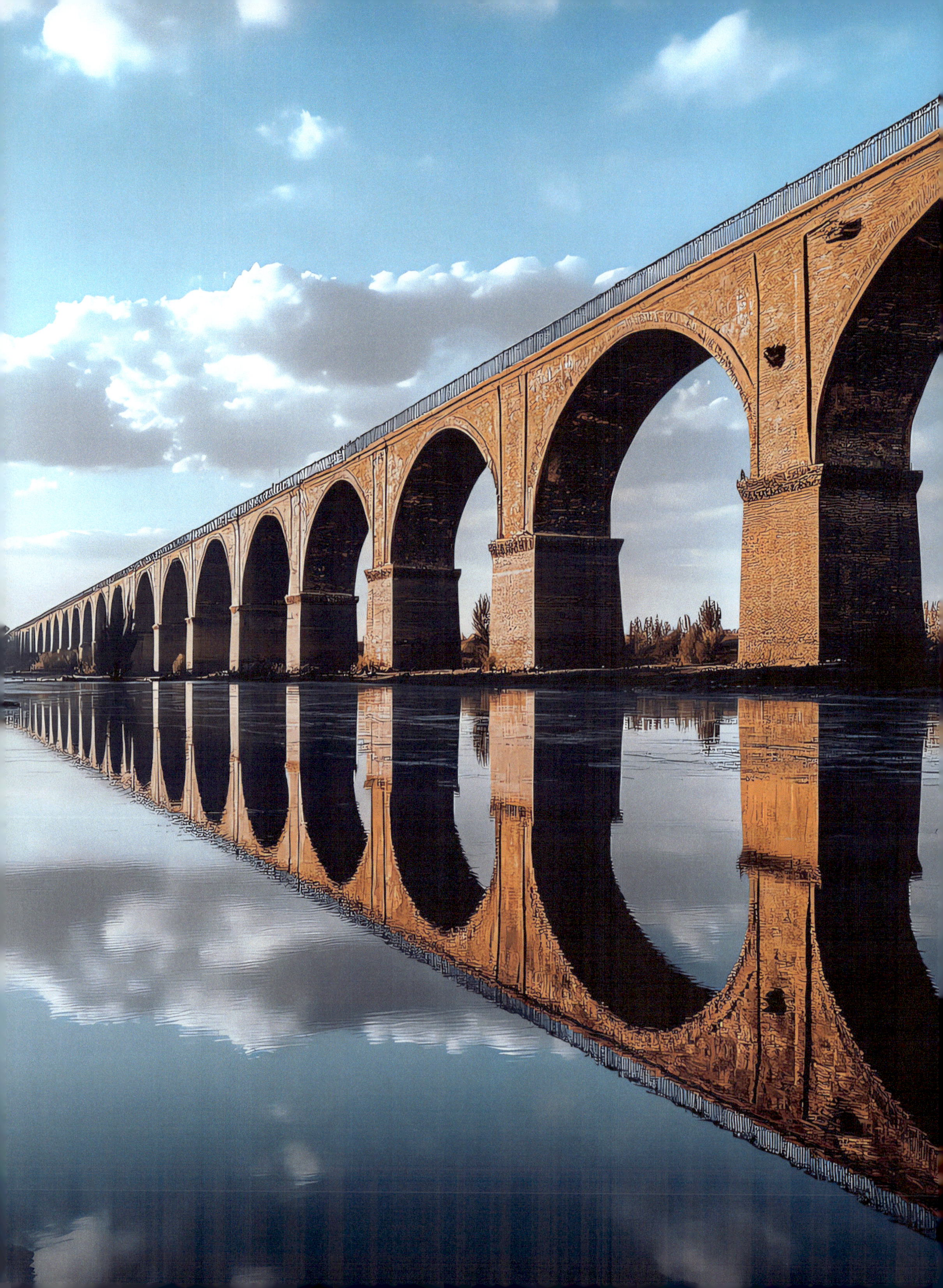

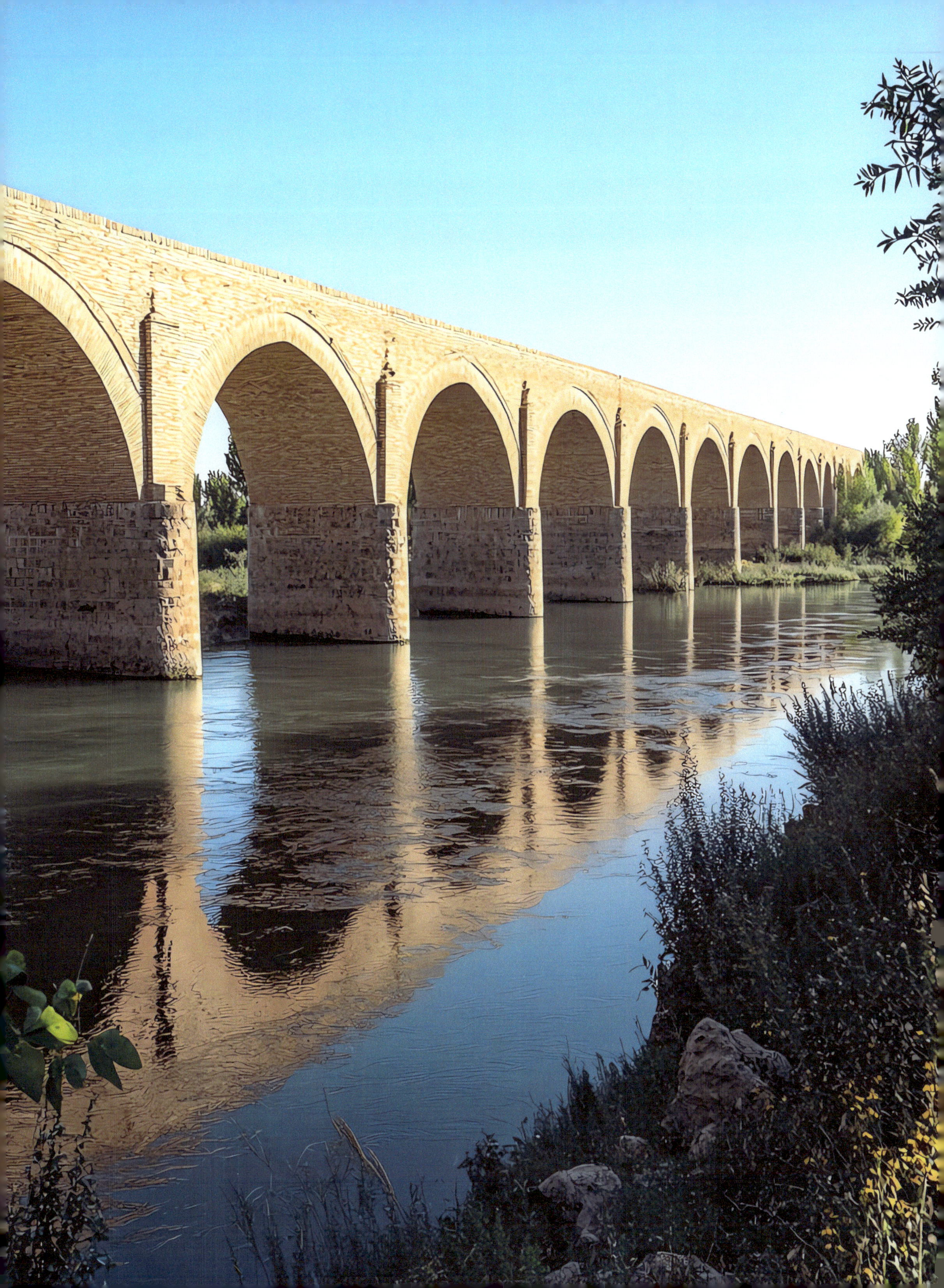

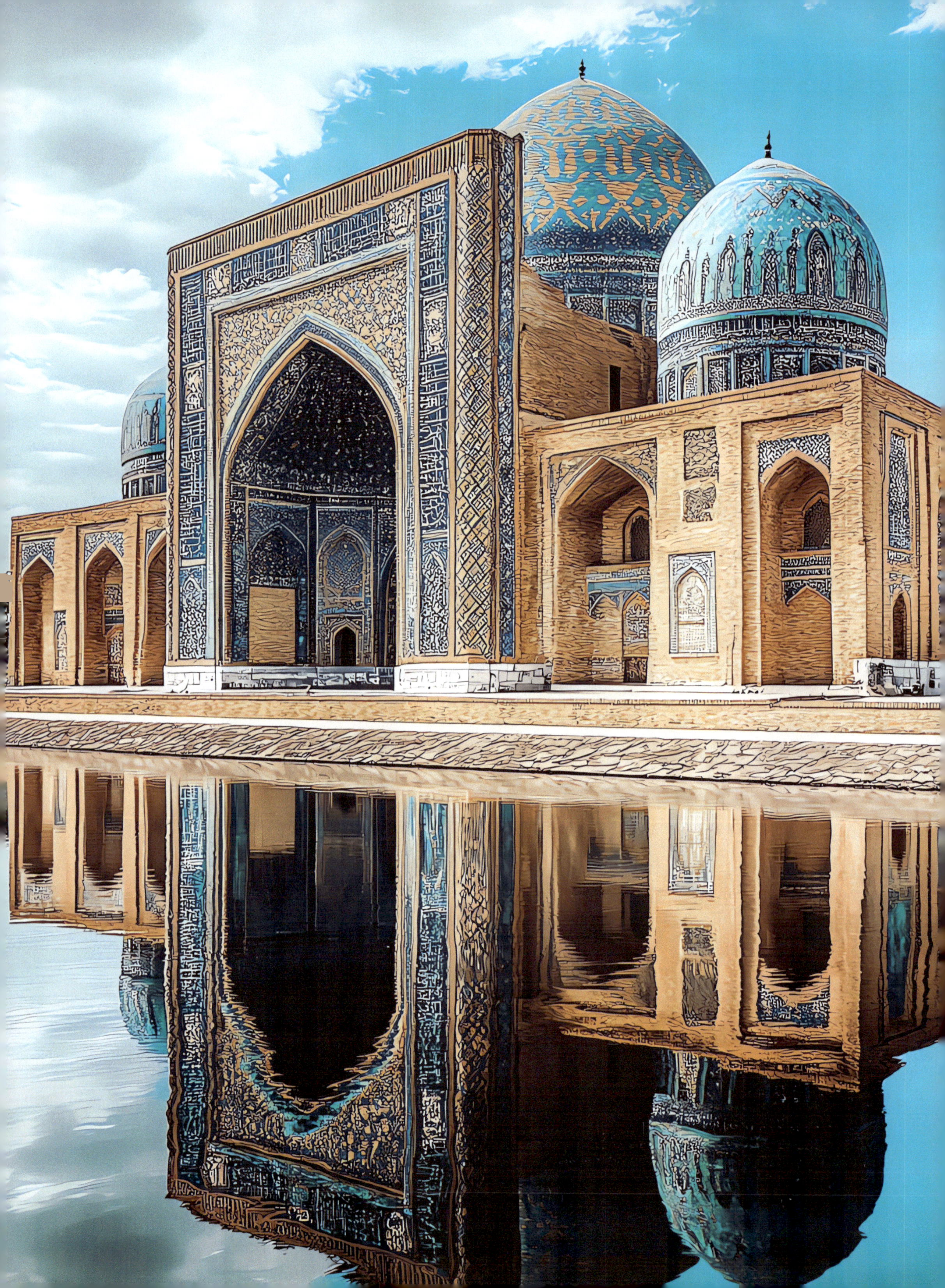

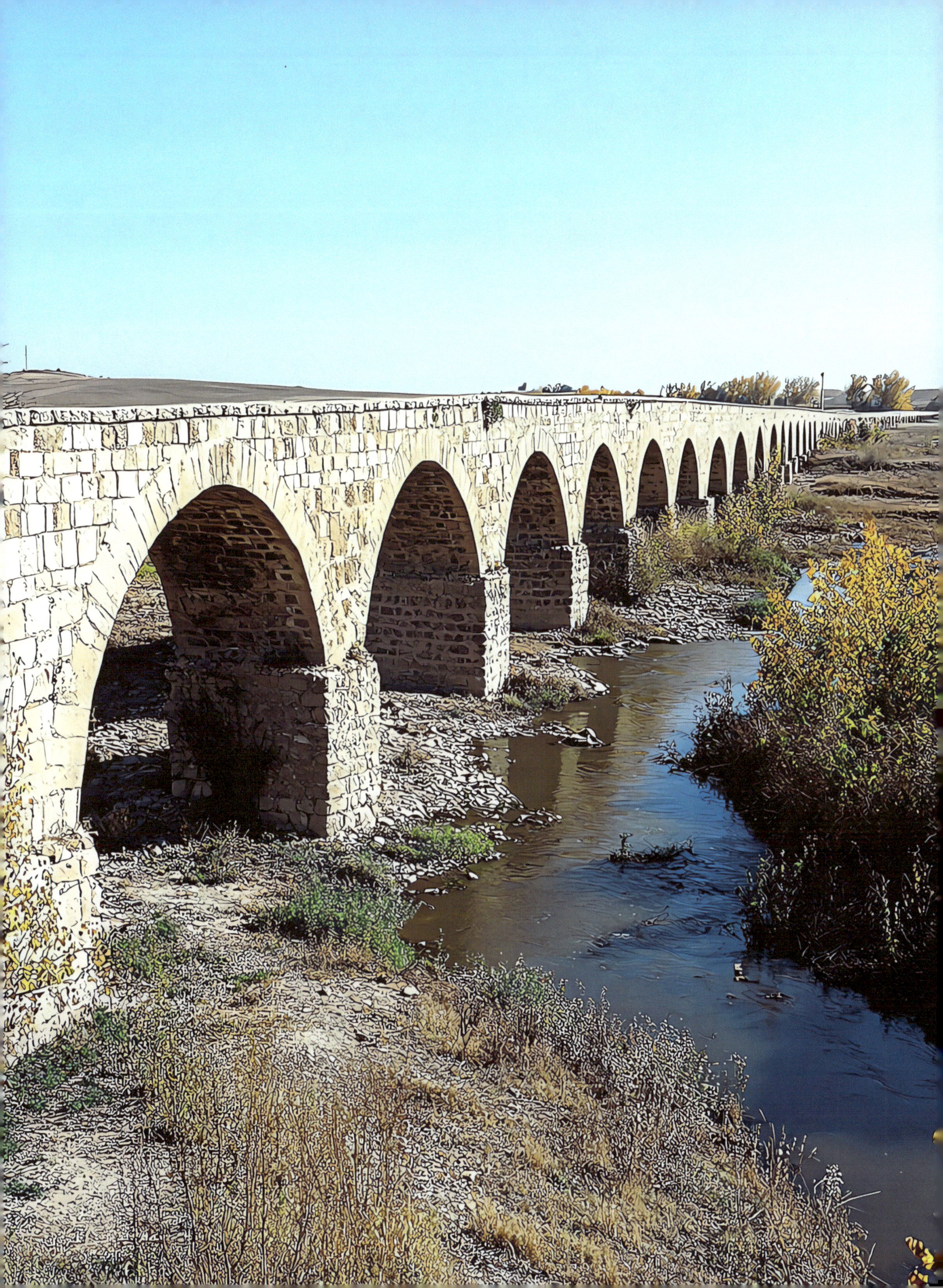

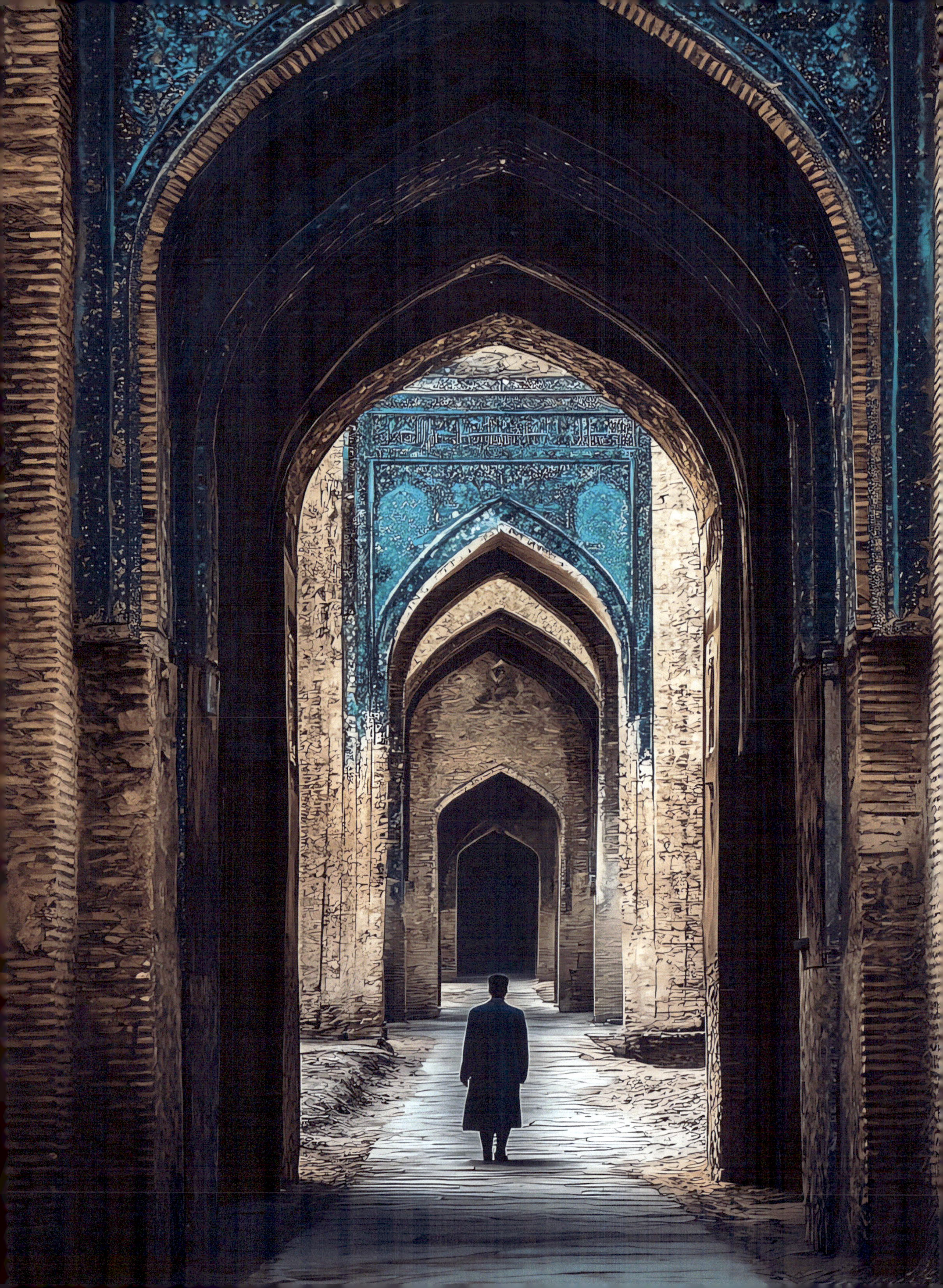

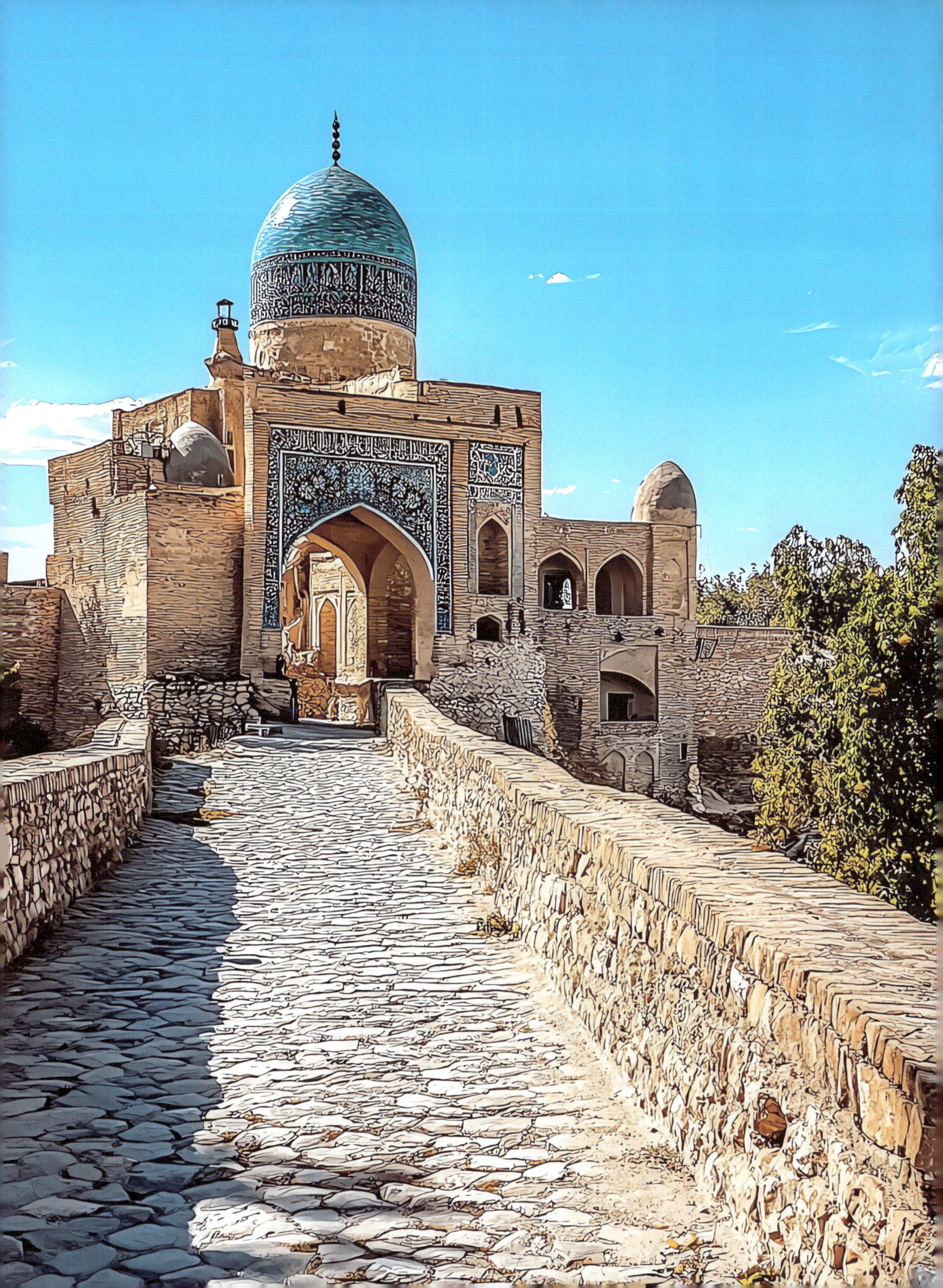

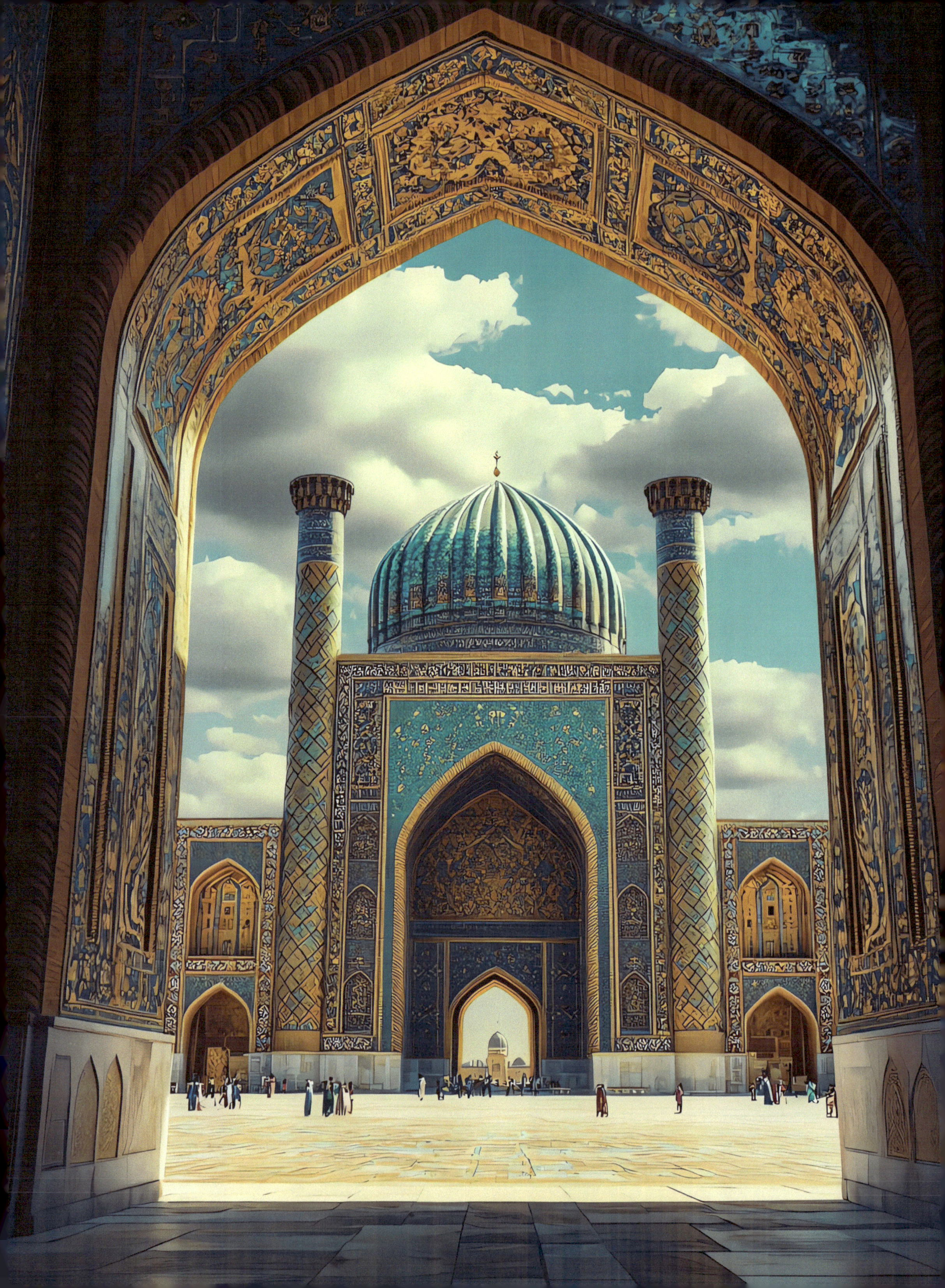

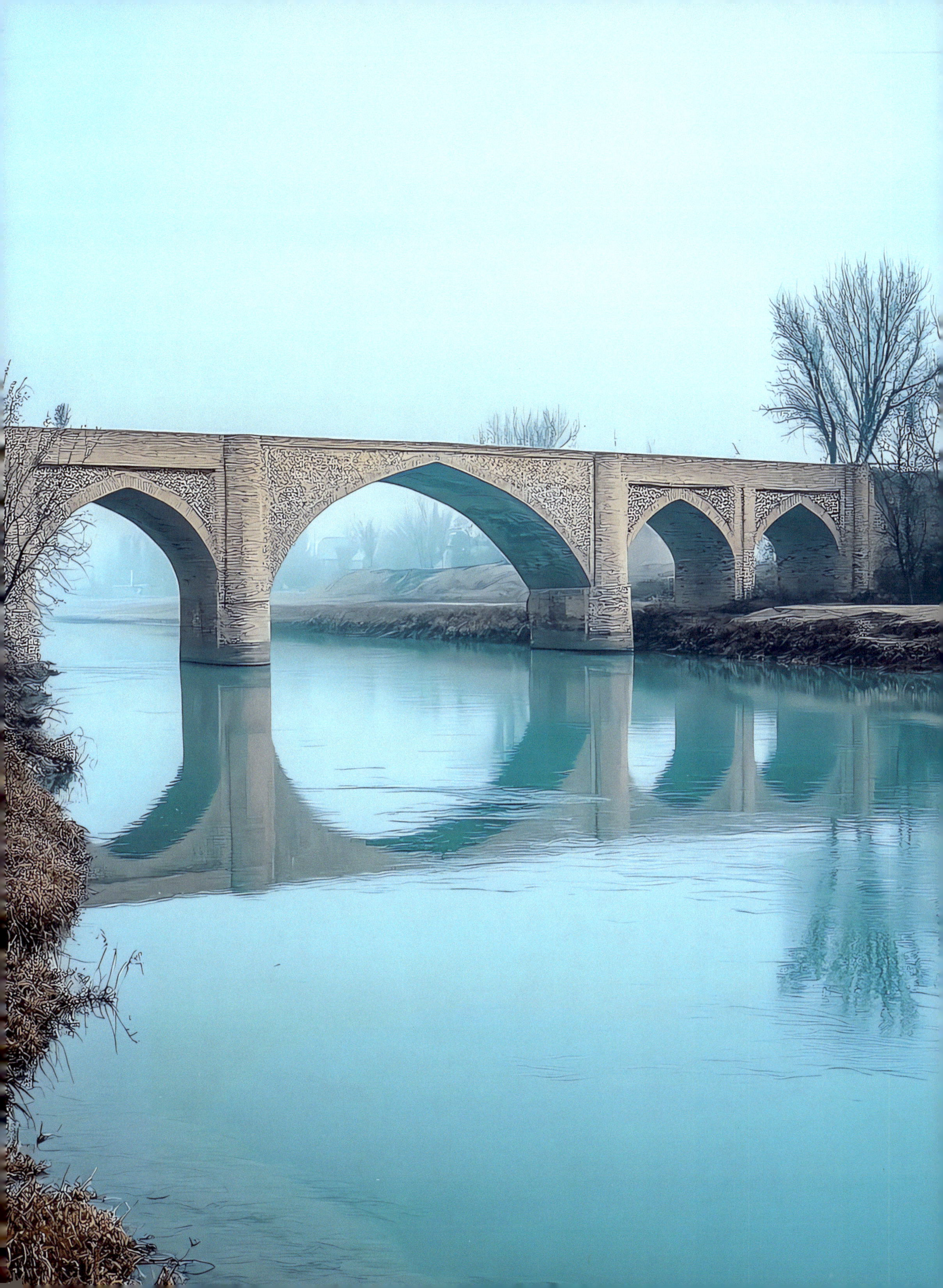

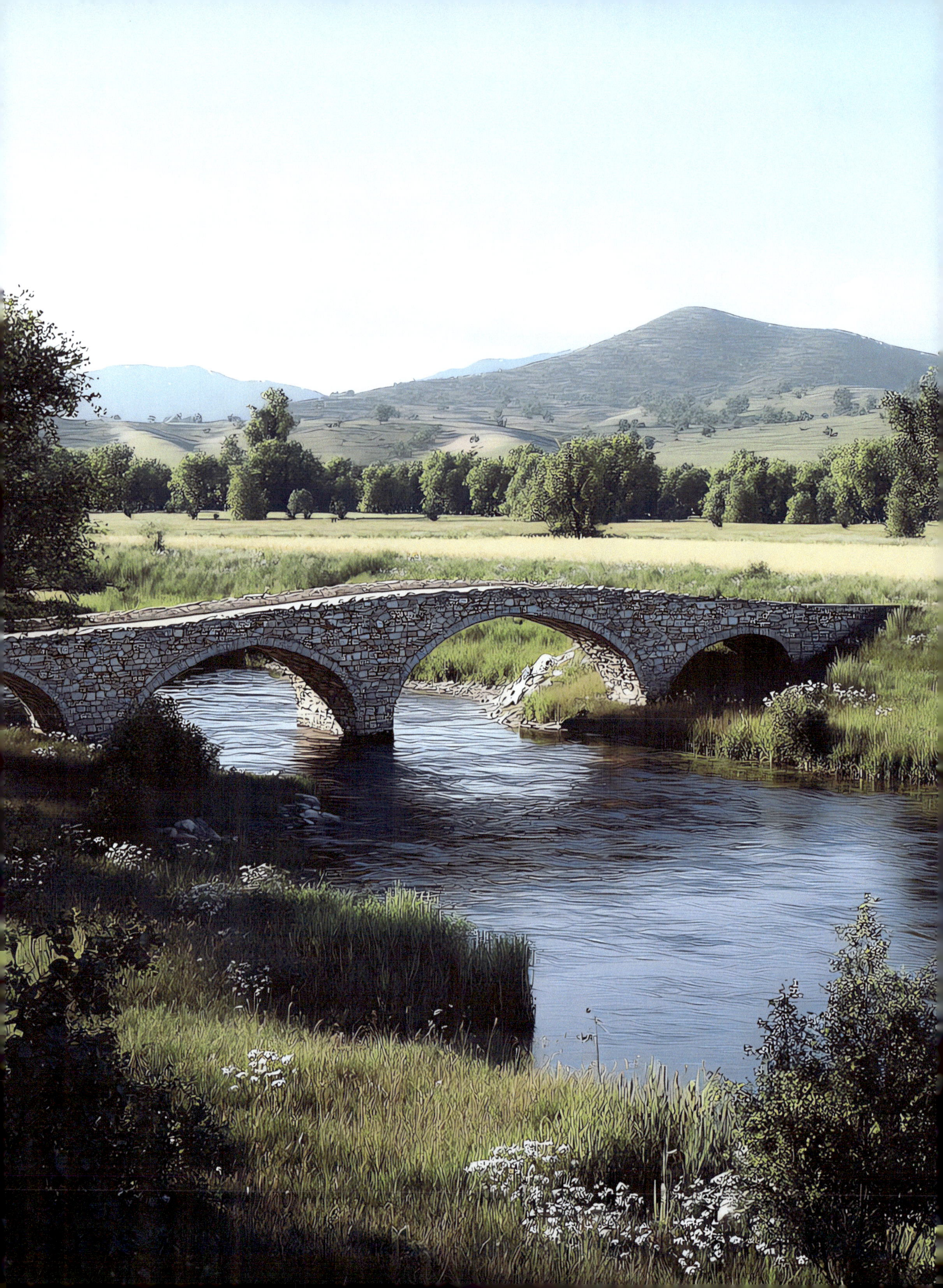

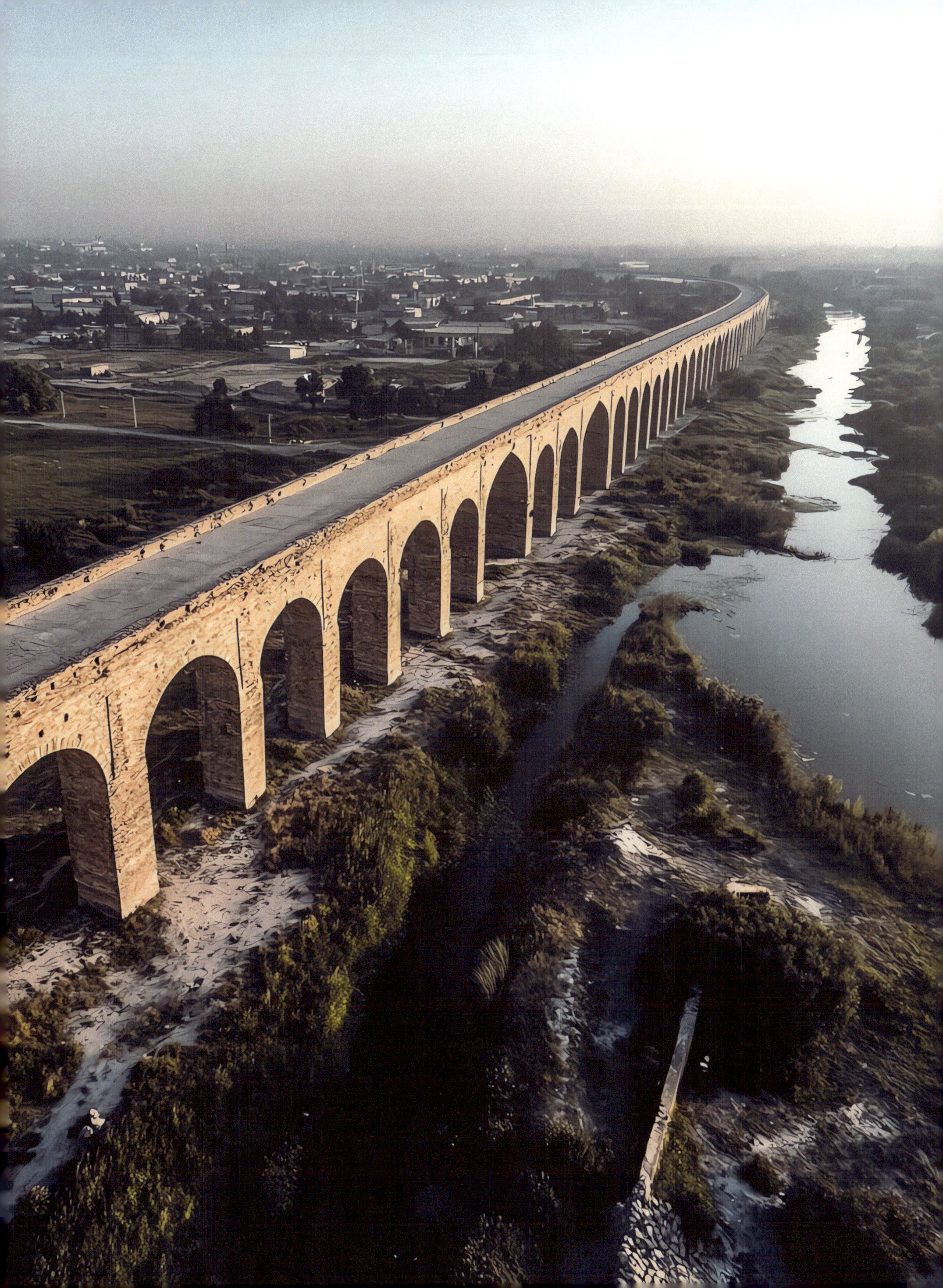

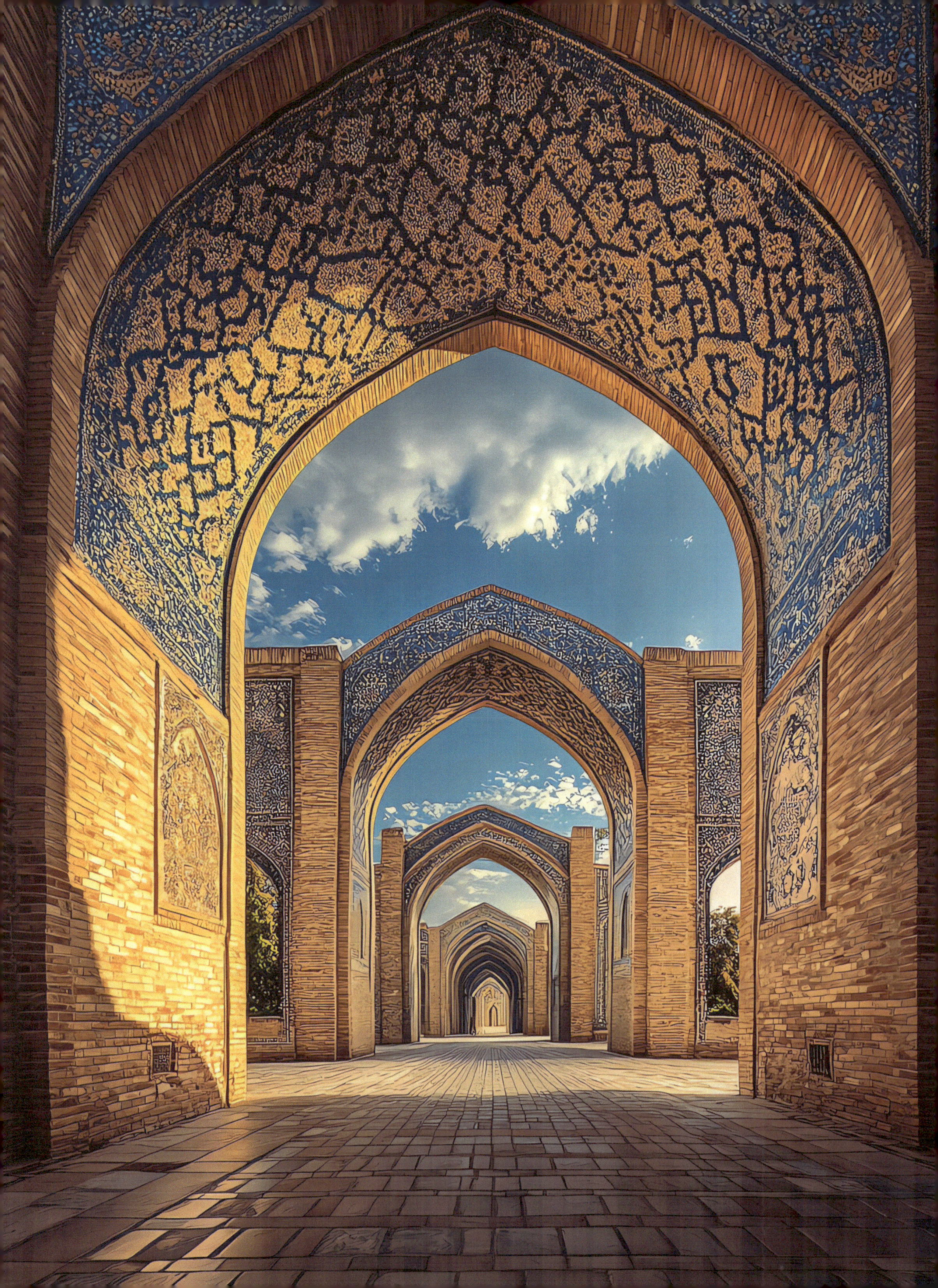

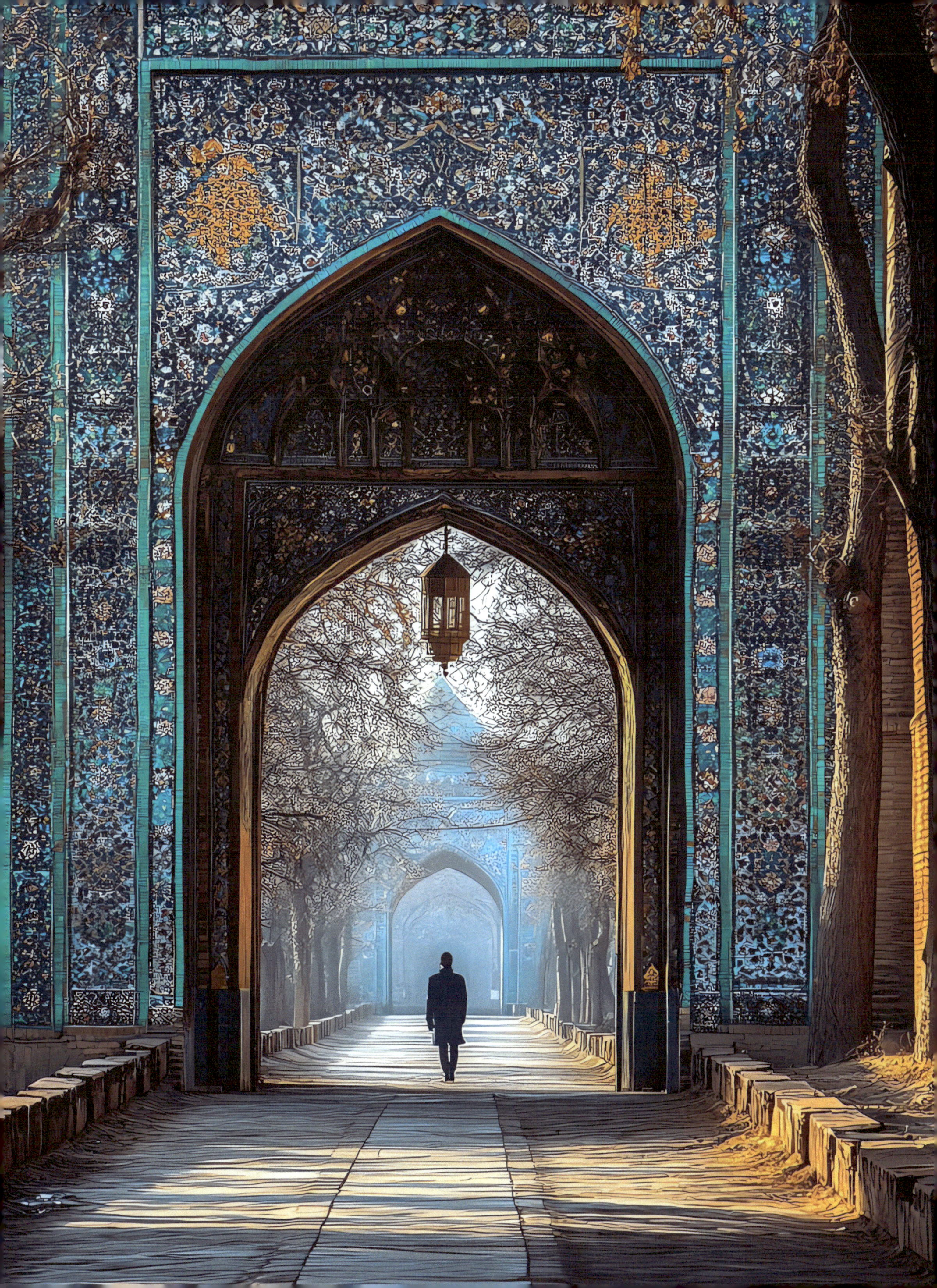

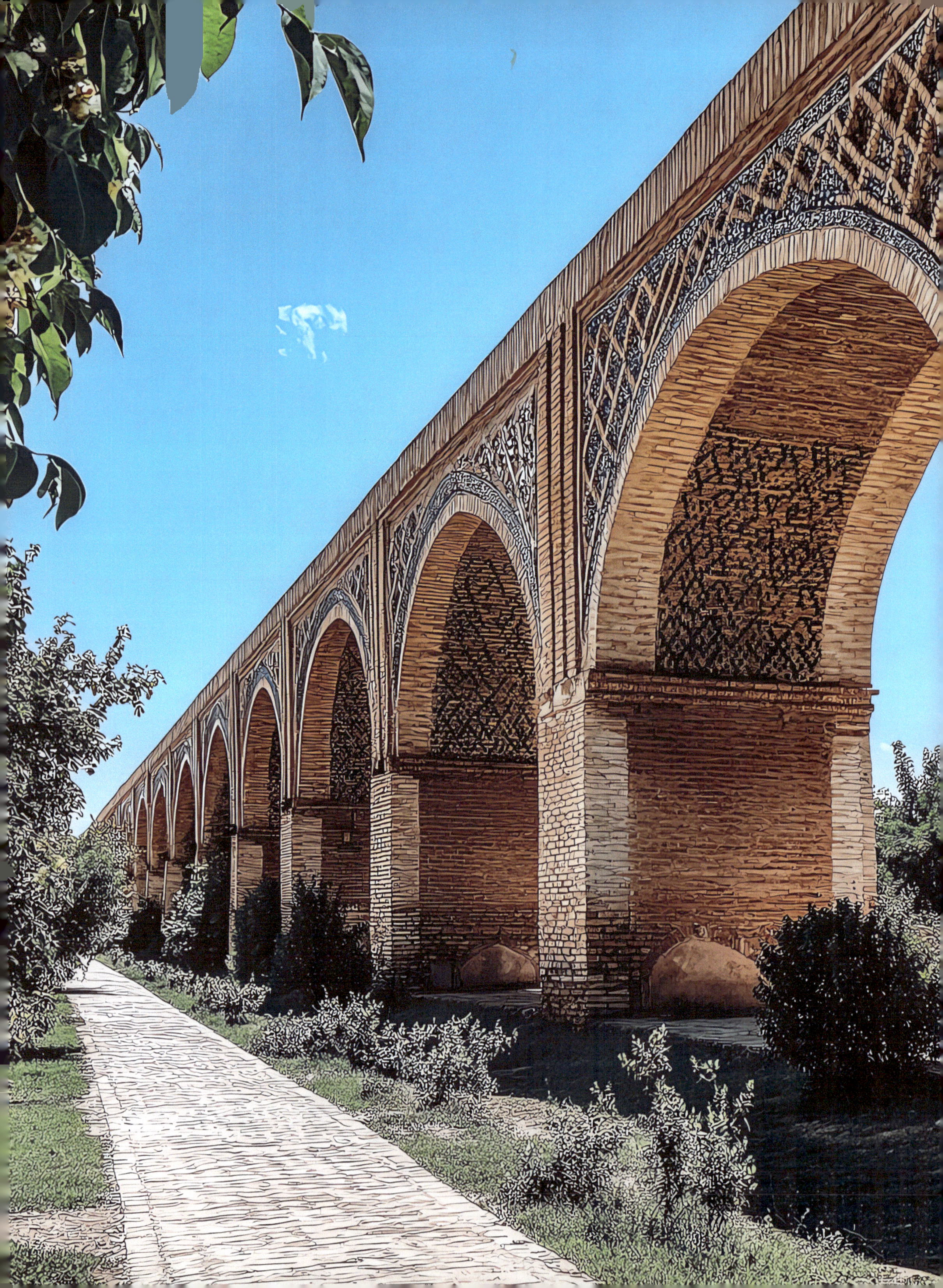

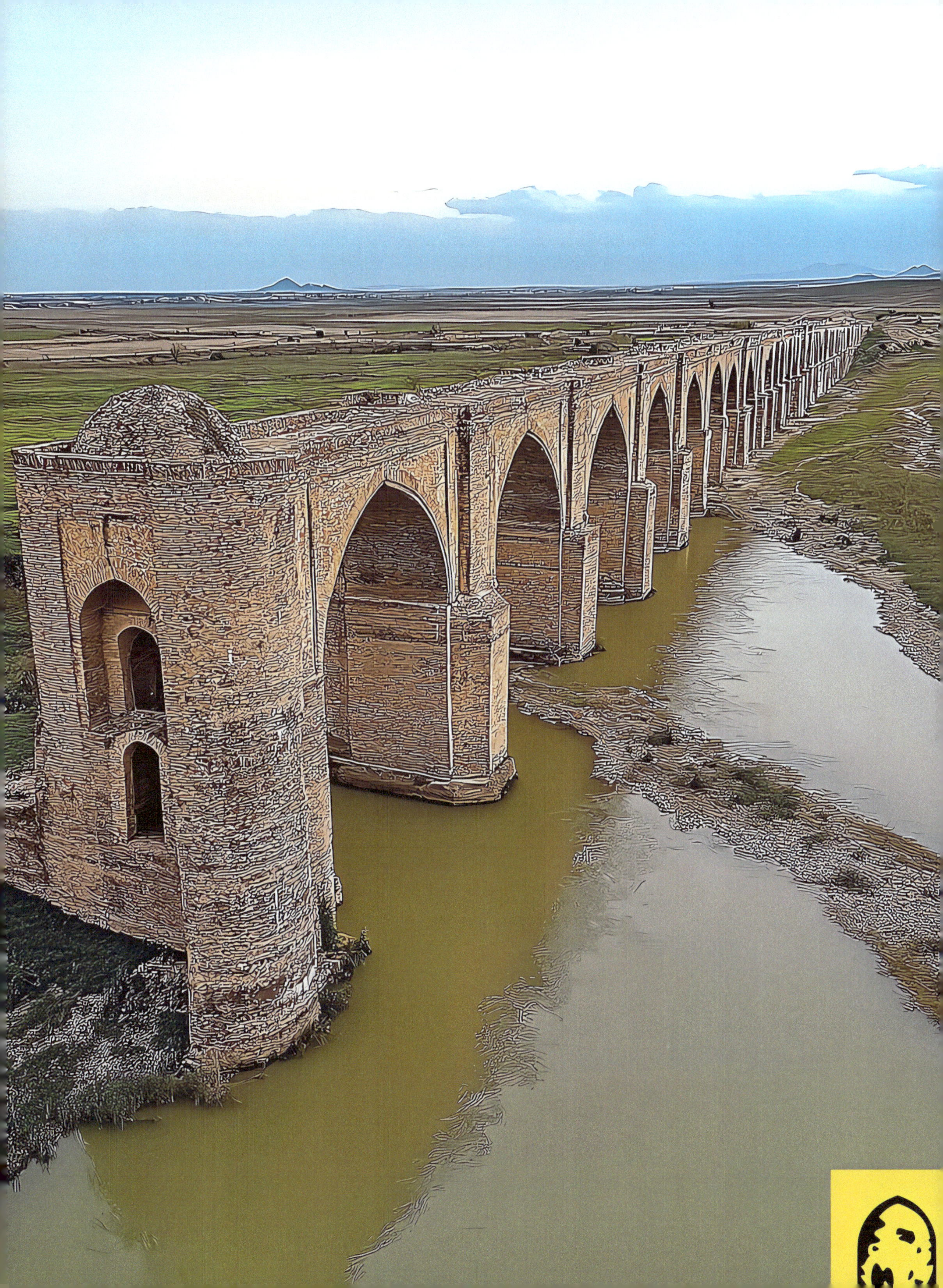

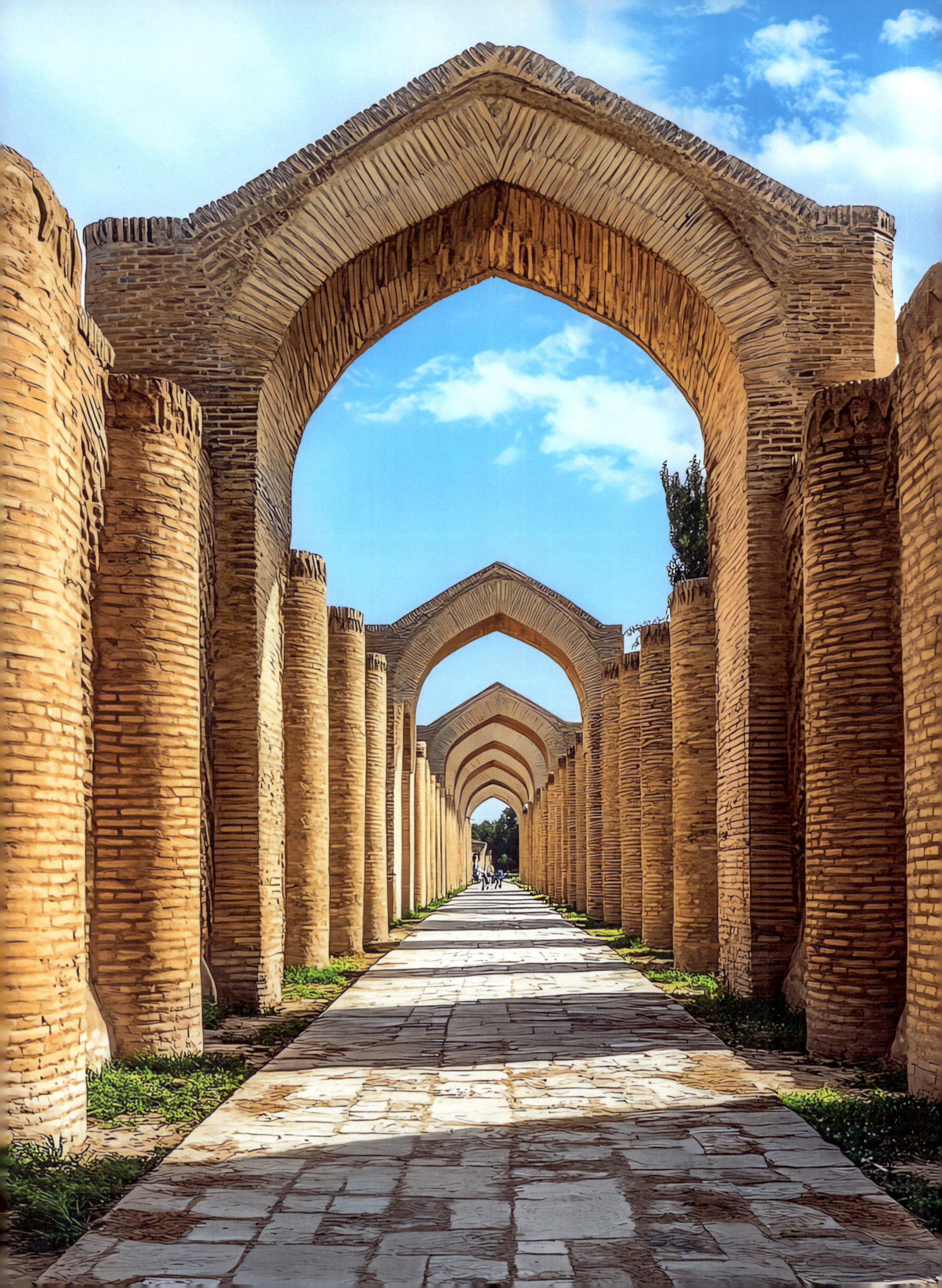

www.ingramcontent.com/pod-product-compliance
Lightning Source LLC
Chambersburg PA
CBHW040436220526
45473CB00004B/1451
* 9 7 9 8 3 0 2 4 9 0 7 6 6 *